何以华夏

文物上的中华民族

翁淮南 主编

中国大百科全书出版社

图书在版编目（CIP）数据

何以华夏：文物上的中华民族 / 翁淮南主编 . —
北京：中国大百科全书出版社，2024.3 （2025.9 重印）
ISBN 978-7-5202-1512-1

Ⅰ . ①何… Ⅱ . ①翁… Ⅲ . ①历史文物 - 介绍 - 中国
Ⅳ. ① K87

中国国家版本馆 CIP 数据核字（2024）第 067015 号

何以华夏：文物上的中华民族

主　　编　翁淮南
统　　筹　杨　超

出 版 人　高世屹
责任编辑　刘敬微
责任校对　黄佳辉
责任印制　邹景峰
图片编辑　张恒丽
版式设计　精　呈
出版发行　中国大百科全书出版社
地　　址　北京市西城区阜成门北大街 17 号
邮政编码　100037
网　　址　http://www.ecph.com.cn
印　　刷　北京瑞禾彩色印刷有限公司
开　　本　710 毫米 ×1000 毫米　1/16
印　　张　23.5
字　　数　230 千字
版　　次　2024 年 3 月第 1 版
印　　次　2025 年 9 月第 3 次印刷
书　　号　ISBN 978-7-5202-1512-1
定　　价　98.00 元

序言

　　每当我迎着初升的朝阳，穿过天安门广场，走进中国国家博物馆时，总会有一种穿越的感觉。置身馆内，就像是走进了岁月的长河，143万件（套）馆藏文物，不禁让人对中华民族共同体的历史渊源产生了好奇。

　　中国农历甲辰龙年，"炎黄子孙""华夏儿女""龙的传人"一度成为网络热搜关键词。海内外华人对"我们何以为炎黄子孙""我们何以为华夏儿女""我们何以为龙的传人"等话题的好奇，实际上是对"我们是谁""我们从哪里来""我们要到哪里去"的深层关注。

　　读懂中国需要读懂中华民族。习近平总书记在民族工作领域将马克思主义基本原理同中国具体实际相结合、同中华优秀传统文化相结合，提出了"铸牢中华民族共同体意识"的重大原创性论断。对此，我们如何在实践中坚持正确的中华民族历史观，如何深刻理解中华民族大家庭、中华民族共同体、铸牢中华民族共同体意识、推进中华民族共同体建设等理念的准确内涵，都绕不开中华民族共同体的历史渊源这样一个时代关切。

中华民族是从中华大地长出来的。自古以来，我国各族人民共同创造了璀璨夺目的中华文明，铸就了伟大的中华民族。中华优秀传统文化有很多重要元素，这些元素共同塑造出中华文明的突出特性。建设中华民族现代文明，是我们这样一个拥有 5000 多年文明史的国家的豪迈壮举，是实现中华民族伟大复兴的应有之义。从党的民族工作来看，建设中华民族现代文明，必须顺应中华民族从历史走向未来、从传统走向现代、从多元凝聚为一体的发展大趋势，深刻理解把握中华文明具有突出的连续性、创新性、统一性、包容性、和平性。然而，如何深刻理解中华文明的突出特性，还是要回答中华民族共同体的历史渊源这个问题。

中华民族拥有百万年的人类史、一万年的文化史、五千多年的文明史。打开时光之门，走进历史长河，"后母戊"青铜方鼎、利簋、"五星出东方利中国"汉蜀锦等一件件物证，让我们清晰地看见中华民族有着独特的形成发展脉络，是屹立于世界民族之林、对人类文明有着重大贡献的伟大民族。为此，我们努力解读有代表性的物证，挖掘它们的历史价值、文化价值、科技价值、审美价值、时代价值，讲好中华民族故事，陪着读者尝试从历史深处读懂中国。我们追求的目标，其实就是通过文物背后一个个鲜活的历史故事，呈现中华民族共同体的历史渊源，铸牢中华民族共同体意识，建设中华民族现代文明。

因为历史博大精深，所以文物故事精彩。我们努力在学术价值和实践价值上下功夫，全心全意服务读者，使本书呈现出以下一些亮点：一是让文物说话，从文物的角度梳理了中华民族共同体的历史渊源；二是运用博物馆优势，通过展览的物证呈现中华民族交往、交流、交融的历程；三是多学科融合，阐释文物视角下的中华文明"连续性、创新性、统一性、包容性、和平性"；四是回应构建中华民族现代文明的时代关切，从传播学视角对如何向世界阐释中华民族共同体提出了思考；五是图文并茂，精心甄选了包含大量历史信息的文物图片，有些更是首次披露。此外，我们还梳理了中华民族共同体大事记，呈现给读者一个清晰的中华民族共同体形成发展脉络。

我要感谢团队的小伙伴们在本书成书过程中的付出和努力，他们是梁黎、张志华、杨超、王立峰、俞灵、李珂珂、司卫、胡梅娟、罗蓁蓁、黑梦岩、杨玥、李竞辉、钟超超、胡安娜、吉嘉洁、武闻达、钱明苏、王立伟、石鸿波、柴晨鸣、翁乐君、丁贵梓、朱香一、余定泽等。我们是来自不同的民族，有着不同的年龄，学习不同专业的"共同体"，在古老的华夏大地上像寻宝一样，认真探寻中华民族共同体的历史渊源。

回头瞧瞧，我们其实正在参与新时代中华民族共同体国际传播实践。在这个过程中，因为有中国国家博物馆厚重的历史文化底蕴和天安门广场耀眼的国徽作背景，又构成一个向世界讲述的中国故事。

眺望世界文明大花园，中华民族这边风景独好。中国国家博物馆馆藏的一件件文物，正轻声吟唱着中华民族的童年歌谣，让我们依稀看见来时的路和那山一程水一程的风雨兼程。

过程奇妙。风景奇妙。如此。

翁淮南

2024 年 3 月

目录

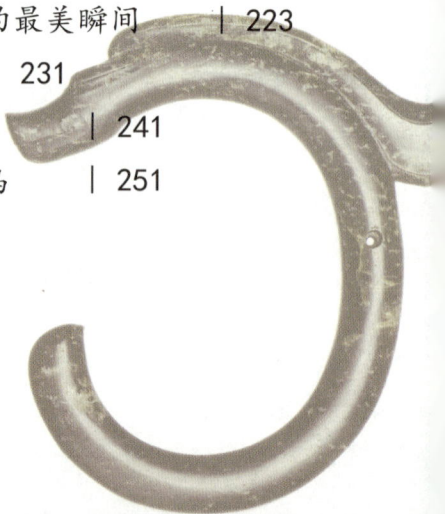

序章

追根溯源

中华民族共同体的历史渊源

名称：何尊

时代：西周

尺寸：高38.8厘米，口径28.8厘米

这些龙与花的结合，会使人自然联想到我们今天的「炎黄子孙」「华夏儿女」「龙的传人」，也就是中华民族。

中华民族是世界上独一无二的多民族团结统一的大家庭，龙的传人正在按照自己的节奏建设现代化强国，走向人类文明的星辰大海。在一起向未来的路上，我们也需要回望中华民族的来时路。到历史深处追根溯源，探寻中华民族共同体的历史渊源。

⊙ 中华民族的文献叙事从五帝传说开始

"左祖右社"，是中华民族沉淀下来的文化传统。中国国家博物馆是呈现中华文化代表性物证的最高历史文化艺术殿堂。开启时间的库房，回望中华大地史前时期的一件件物证，我们会看到，伴随中华文明的初现，中华民族起源。

涉及中华民族共同体的文献叙事从五帝传说开始，这是一个漫长的历史阶段。2000年前的文献将夏商周历史的开端限定在距今4100年前后。《尚书》

记载了尧舜的天下治理时期，这是先秦的基本历史文献。我们现在一般将尧、舜、禹的故事视为神话与历史交织的叙事，尧、舜前面的颛顼、帝喾，都是神话史上的重要氏族，即高阳氏、高辛氏。在汉代班固的《汉书·古今人表》中，比较清晰地呈现了5000多年以前的中国历史。

"炎黄子孙"与"华夏儿女""龙的传人"是与中华民族共同体相关联的概念。他们与上古时代的三大部落首领炎帝、黄帝和蚩尤有着密切的文化渊源。炎帝是中国上古时期活动在黄河中游关中平原、渭水流域的神农氏部落联盟首领。相传姜姓部落的首领因懂得用火而得到王位，故称炎帝。炎帝部落作为早期华夏族主体，其活动范围在黄河中上游地区。黄帝则是原先生活在西北黄土高原的部落联盟首领，居轩辕之丘，建都在有熊，也称有熊氏。《黄帝内经》中有言："昔在黄帝，生而神灵，弱而能言，幼而徇齐，长而敦敏，成而登天。" 有熊氏成为氏族首领后，势力迅速向东扩展。

在甲骨文里，"炎"的写法是两个火字上下叠加，"黄"的写法是人的腰间束有（玉）环佩。蚩尤是牛图腾和鸟图腾氏族首领，和炎帝原同属一个部落。炎帝时，蚩尤东征西讨，夺取了伏羲后裔九黎的领地。《史记·五帝本纪》集解引孔安国曰："九黎君号蚩尤。"

史书上有记载的最早的战争，是在黄帝和炎帝两大部落之间发生的阪泉之战。后来，黄帝和炎帝两个部落联合起来，与蚩尤进行了一场大战，即"涿鹿之战"。这也是远古华夏的统一之战，蚩尤在此役中被擒杀。战争胜利后，炎黄部落乘胜东进，进抵泰山附近，举行了"封泰山"仪式。东夷集团与炎黄集团结为同盟后，形成最初的华夏部落联盟，中国至此进入华夏时代。

炎帝与黄帝是华夏民族的始祖。春秋时期史学家左丘明的《国语·周语下》记载："皇天嘉之，祚以天下，赐姓曰'姒'、氏曰'有夏'，……夫亡者岂繄无宠，皆黄、炎之后也。"左丘明强调，鲧、禹与夏人之后，以及共工、四岳与各姜姓国皆为炎黄之后。先秦时，炎黄子孙包括夏、商、姬、姜等氏族，也就是说姒姓、子姓、嬴姓、姬姓、姜姓等氏族继承了华夏文明。关于炎黄合祀，始自战国时期秦灵公。《史记·封禅书》说："秦灵公作吴阳上畤，祭黄帝；作下畤，祠炎帝。"

梳理文献可知，炎黄之后的几位古代帝王，一直到夏商周三代，都被认为是黄帝的直系子孙。后世的帝王，也都称自己是黄帝的后裔。几乎所有的姓氏、族群都将自己的远祖追溯到炎帝、黄帝或他们的臣子。北方的民族，如接受华夏文化的匈奴、鲜卑等，也认为自己是炎黄子孙。辽朝大臣耶律俨在《皇朝实录》中认为契丹为黄帝之后，《辽史·太祖本纪》和《辽史·世表》则分别提到"辽之先，出自炎帝""辽本炎帝之后"。清朝末年，炎黄子孙的观念随着中国民族主义的建构而更加广泛流传。早期革命党即用"炎黄子孙"为口号，争取更多中国人的支持。抗日战争时期，"炎黄子孙"的称谓成为中华民族的文化符号。今天，全世界华人皆为"炎黄子孙"已成为共识。

"华夏儿女"因"华夏"而得名。"华夏"一词最早出现在相传成文于西周的《尚书·武成》篇中，"华夏蛮貊，罔不率俾"。有学者认为，"夏"是从夏水（今汉水）得名，"华"是因华山而得名。现在的"华山"与仰韶文化庙底沟类型的花瓣纹彩陶有着渊源。庙底沟类型的核心区在豫西、晋南、关中地区，这里是早期中国的核心地。由此，"华"也是"花"，北魏以前没有"花"字，"华"亦为"花"，学者苏秉琦等干脆称"花"为"玫瑰花"。庙底沟类型的人群信仰"华"，成为近代我们所说的最早"华人"。到春秋战国时期，黄、淮、江、汉一带部族融汇在一起，把有影响的祖先保留下来编在共同的谱系上，承认是各氏族祖先，然后融合各个氏族，形成广泛的华夏民族。

在中华古史中，与"炎黄子孙"相关联的"卷龙"叙事在黄帝时代已出现。《史记·封禅书》记载："黄帝得土德，黄龙地螾见。"《史记·五帝本纪》中提到，轩辕"有土德之瑞，故号黄帝"，"炎帝火，黄帝土代之，即黄龙、地螾见是也"。学者孙机认为，地螾又指躯体盘旋卷曲之虫，与《史记·五帝本纪》《史记·封禅书》中提到的"黄龙"在形象上相互呼应，意喻黄帝。而红山文化中发现的玉卷龙，又让人们意识到龙可以作为土德之瑞的代表。实际上，龙在中国文化中已经逐渐成为一种象征升腾和变化的吉祥物。从中华民族的先人们接受虚拟的龙开始，我们共同的价值观就开始萌芽生长。现藏于中国国家博物馆，相传出土于黄河中游地区的子龙鼎是目前已发现的商代青铜圆鼎中最大的一件，同时也是目前已知最早铸有"龙"字的青铜器。就这样，中华民族3000年前就被铸上文化意义上的青铜"龙"印。

"炎黄子孙"也较多地涉及黄河的叙事。传说中五帝的活动区域主要在黄河。殷商时期，黄河在甲骨卜辞里叫"高祖河"，"高祖"意为王朝的第一个王。记载"黄帝""黄河"最早的文献材料，基本在战国到秦汉时期。《汉书·地理志》称"黄河"，这是最早见到关于"黄河"的正史记载。在《史记》中，黄河被称作"大河"，反映出黄河被视为所有江河之首的观点。"黄河"与"黄帝"之"黄"皆为"五色"之一。学者刘庆柱认为，东周至秦汉之际兴起的"五方""五行"与"五色"三者之间的关系，应是"五方"决定"五行"与"五色"。"五方"之"中"是华夏文化的核心基因，"人"之"帝"在天中之下，地中之上，"地"为"土"，"土"为"五行"之"中"，黄帝都城有熊国与大嵩山地区均在黄河中游的"天地之中"，而"五方"之"中"与"五行"之"土"对应"五色"之"黄"，故二者均姓"黄"。也就是说，黄帝在黄河中游缔造了彰显中华民族文化根与魂的"黄河文化"。

⊙ "宅兹中国"是中华民族五千多年文明的选择

在8000年前的辽宁阜新查海遗址，出土类龙纹陶片2块。陶片均为夹砂红褐陶，整体以头为圆心，内卷成了圆形。距今6000多年的仰韶文化陕西临潼姜寨遗址，中心广场周围分布5组建筑群，所有房屋的门均朝向广场，体现了一种凝聚和内向式的聚落格局。距今4000多年前马家窑文化青海大通上孙家寨墓地出土的舞蹈纹彩陶盆，三组舞人手拉手绕盆一周形成圆圈。它们的共性是同心圆式的文化聚焦，而非西方个性张扬式的文化散焦，呈现了马克思、恩格斯所关注的"亚细亚的生产方式问题"，催生了中华民族共同体意识。

一方水土滋养一方人。中华民族具有百万年人类史、一万年文化史、五千多年文明史。我们不是西方语境下的"夏娃"的孩子。我们的文化传统从一开始就和西方的不一样。

聚焦的圆圈是有中心的。黄河文化中的"地中"概念，就是天上有中心，大地也应该有中心。战国时期的清华简《保训》篇中记载了五帝时代的舜"求中"于"历山"（今河南濮阳），以及王朝时代的缔造者夏禹让商汤的六世祖上甲微为其"求中"于河洛及其附近嵩山。由此，嵩山成为5000多年来的"天地之中"，2010年嵩山古建筑群申遗成功并被联合国教科文组织世界遗产委员会命名为"天地之中"历史建筑群。"求中"，正是夏商都城选址于黄河中游大嵩山附近的一个重要因素。

陕西宝鸡发现的距今约3000年的西周青铜器"何尊"，器底的122字铭文中有"宅兹中国"四字，是目前出土文物中最早的"中国"名称物证。这里的"中国"铭文实际上是指国家的都城要建立在国家的中央。这也是延续了虞舜、夏禹、商汤以来的都城选址理念，并且成为此后历朝历代的制度。从《史记》记载的"五帝时代"，经夏商周至秦汉、魏晋南北朝、唐宋时期的历代王朝的都城均在大中原地区，这也就是"择中立国"的佐证。金朝的都城就称为"中都"，认为"燕京乃天下之中"。宋代以后历代王朝建都北京，仍然是择中立国的延续。

中原就是曾经的中州。禹时设九州，是因为如果是偶数，就没有中，只有奇数才有中。豫州在九州之中央，因此也称"中州"。中州地形是平原，故称"中原"。中国的水系在称谓上有"江""河"之分，从南北分布上看，河在中部，江在南、北。黄河又在中国的"河"之中部，其南有渭河、洛河、淮河等，其北有汾河、海河、辽河等。淮河以南基本称"江"，如长江、闽江、赣江、珠江等，辽河以北有松花江、黑龙江、鸭绿江。

黄河又分上、中、下游，按照区位，中游主要是大中原。中国有句话叫大好河山，河山就是国家，其中山是嵩山或华山，但河就一条——黄河。以"天地之中"、五岳的"中岳嵩山"为核心，从长安、洛阳到开封形成中国古代历史上最为重要的都城东西轴线。此外，在大嵩山附近的中国王朝时代最早、最重要的夏商周都城均在这里。

学者刘庆柱认为，中国的核心文化基因是"中"，中是东南西北的汇聚，中就是根。中国从"中"而来，建国要立中，建都要立中……最后国家也叫中，这时"中国"的国家是指天下，是东西南北的中间。

"天下之中"生成了"中国"这个概念。学者何努指出，"'中国'的最初含义，即在由圭表测定的地中所建之都、所立之国"，"这种国家意识形态及其特殊的圭表物化表征，是我国区别于世界其他各国的重要特征"，这也"足见没有比'中国'这个称谓更贴切了"。

"宅兹中国"映照了5000多年来中华民族求中、择中的文化传统。

⊙ 中华民族共同体缘于"华山玫瑰"和"燕山龙"的相遇

考古发现的物证显示，在6000年前华山玫瑰和燕山龙相遇的时代，"炎黄子孙""华夏儿女""龙的传人"的概念，便在中华大地生根发芽。华山玫瑰和燕山龙的相遇，也催生了中华民族总根系的"直根"。

关于中华文明和中华民族的演进，学者苏秉琦提出了"满天星斗说"。他认为，在中国古文化大系内部，可分为六个大的文化区：一是以燕山南北、长城地带为中心的北方区；二是以山东为中心的东方区；三是以关中、晋南、豫西为中心的中原区；四是以环太湖为中心的东南区；五是以环洞庭湖与四川盆地为中心的西南区；六是以鄱阳湖—珠江三角洲为中轴的南方区。这六大区系又可以秦岭—淮河为界分为南北各三区的两半，或为面向东南海洋和面向欧亚大陆的两半。六大区并非简单的地理划分，而是着眼于考古学文化渊源、特征与发展道路的差异。

学者严文明提出了"重瓣花朵说"。他认为，中原是重瓣花朵的核心。中华文明的源头不是一元而是多元，其中，中原地区、山东地区、辽西内蒙古地区、长江中游的两湖地区、江浙地区这五大区域是最突出的。在演进的过程中，由于各自不同的原因，呈现了重瓣花朵式的向心结构或多元一体结构。中原文化处在花心的位置，东夷文化、三苗文化、戎羌文化、北狄文化等是围绕在其周围的第一层花瓣，百粤、夜郎、滇、氐羌、乌孙、月氏、匈奴、东胡等则是第二层乃至第三层的花瓣。这种重瓣花朵式的向心结构乃是一种超稳定结构。

学者张光直认为，在公元前4000年前开始形成"文化相互作用圈"，范围北自辽河流域，南到中国台湾和珠江三角洲，东自海岸，西至甘肃、青海、四川。这个"圈"涉及六个文化区：一是内蒙古长城地带，以兴隆洼文化为最早；二是仰韶文化；三是大汶口文化；四是大溪文化；五是太湖长江三角洲文化；六是大坌坑文化。张光直强调文化相互作用圈与中华文明的形成存在密切联系。

地层中的物证为我们提供了丰厚的信息。华山玫瑰和燕山龙的相遇过程，有裂变、有撞击、有融合。龙与玫瑰，成为人类文明史上伟大的相遇。学者苏秉琦认为，相遇涉及中国古文化两个重要区系：一个是渭河流域的仰韶文化，一种标志是玫瑰花，包括枝、叶、蕾、冠或仅花冠等；另一个是大凌河流域的红山文化，一种标志是龙或龙鳞。它们都有自己的根，都有自己的标识符号。仰韶文化始于距今7000年，红山文化发端于距今6500年，都是从自己的祖先那儿衍生或裂变出来的。

辽西地区的兴隆洼文化（距今8200～7200年）和赵宝沟文化（距今7200～6400年）是红山文化的重要源头。在兴隆洼文化查海遗址的聚落中心发现的巨型石堆龙，全长19.7米，用石块堆塑而成，是中国迄今为止发现的年代最早的龙形象。兴隆洼文化还出现石雕神龙人碑形器，以及类龙纹陶片。龙纹陶片皆为夹砂红褐陶，分别为龙的身体和尾部残件，用窝点纹表示龙鳞。具体说来，华山脚下的玫瑰与燕山以北的龙的中间对接点在桑干河上游（河北省和山西省北部）一带。出土文物证明，二者真正结合到一起是在距今5500～5000年的大凌河上游，辽河的凌源、建平、喀左一带。那里近年发现的红山文化晚期的祭坛、女神庙和积石冢群，含有玉雕猪龙、玉雕玫瑰、玫瑰图案彩陶筒座与彩陶盆的巧妙结合。玉雕猪龙放在男墓主人身上，彩陶玫瑰图案盆和筒座配置在积石冢四周。红山文化的祭坛、女神庙和积石冢群等可以看作是以龙和花为象征的两个不同文化传统的共同体结合到一起。大青山下的河套地带和桑干河上游地带的考古发现，证明了它们之间的渊源关系。

这些龙与花的结合，会使人自然联想到今天的"炎黄子孙""华夏儿女""龙的传人"，也就是中华民族。这也说明，仰韶文化和红山文化汇合迸发出文明的火花，并种下了文明发展的种子。

位于黄河南岸的河南巩义双槐树遗址，实证了5300年前黄河中游已经是华夏文明的核心地区。在双槐树遗址发现的规格最高的具有都邑性质的中心聚落，专家建议命名为"河洛古国"，也被称为"早期中华文明的胚胎"。这里出土的牙雕家蚕，是目前发现的中国农桑文明发展史上时代最早的代表性器物。这里呈现出古国时代的王都气象，尤其是北斗九星以及诸多凸显礼制和文明的现象，被后世夏商周等王朝文明所承袭和发扬，5000多年的中华文明主根脉有望追溯至此。

龙与玫瑰相遇后，晋南一带的"中国"就把"华"和"龙"等都包揽到一处了。距今4300～4000年的山西陶寺遗址的遗存有黄河中游华山、东部泰山、北方燕山三个主根，还有来自太湖及其他区系的文化因素，以及北方红山文化早期文明的影响。以晋南襄汾为中心的陶寺遗址所代表的古文化，人们已经使用大石磬与鳄鱼皮鼓随葬，反映社会发展到比红山文化更高的阶段。他们使用的具有明显地域特征的器物群，包括源于仰韶文化小口尖底瓶的斝，到真正鬲出现前的完整序列，源于红山文化的朱绘龙纹陶盘，源于长江下游太湖地区良渚文化的一种弧形石推刀，说明这里的文化面貌已具备从燕山以北到长江以南广大地域的综合体性质。

陕西石峁遗址是面积超过400万平方米的石头城，是目前我国发现的最大的史前城址，由外城、内城和皇城台构成，并有多种防御设施。据中华文明探源工程最新研究结果，皇城台始建时间不早于距今4200年，废弃时间不晚于距今3600年。皇城台总高度达数十米，台顶有面积数千平方米的大型宫殿建筑，宫殿台基上有雕刻兽面和玫瑰图案的石柱，并发现多件高0.5～1米的陶鹰。这说明，皇城台已具备了早期"宫城"性质。

河南二里头遗址面积300多万平方米，距今3800～3500年，是中国同时期规模最大的都邑性遗址。二里头遗址所在的伊洛河流域是文献记载的夏王朝的中心区域。二里头文化创造的以玉牙璋为代表的礼器和礼仪制度辐射到周边广大地区，影响范围之广前所未有。二里头文化的一整套青铜与玉礼器，被后来的商王朝全面继承。二里头时期，稻作农业比旱作农业多，水稻的贡献超过粟和黍。

从地缘视角看，黄河两岸中原文明的形成就像吸纳了来自东西南北各个方向的文化因素，具有明显的合成性。这里深受来自北方"原生型文明"的影响，北方文明的南下影响形成一个Y形通道，即辽西文明和内蒙古高原河套文明通过山西晋地到达晋南的通道，这个Y形通道就是学者苏秉琦眼里的中华文明多根系中关键性的"直根"。此时，若把黄帝理解为一个象征性符号，那么，以黄帝为代表的早期中国人很可能就是后世的北方游牧族群和中原族群的共同祖先，或者说是Y形通道所形成的中国核心文明的共同祖先。史书记载，夏代以前有尧、舜、禹，他们的活动中心在晋南一带。此时，中原仰韶文化的"花"和北方红山文化的"龙"，甚至包括江南的古文化均相聚于此。就这样，聚焦催生了"中国"。

《诗经》说："普天之下，莫非王土。率土之滨，莫非王臣。"一统中国从理想到现实，就是距今4000～2000年的整个历史发展过程。这是夏、商、周三代的政治理想，而把理想变为现实，是从三代至秦各国逐鹿中原的结果。"我们在一起"，是中华民族文化基因的选择。

⊙ 中华民族在中华大地延绵发展

从人类社会历史来看，如果历史被割断了，就是老百姓眼中的断子绝孙。有一句歌词写得很好："我们的大中国呀，好大的一个家！"其实这个家，就是我们炎黄子孙能够相互依存和发展的中国。

在时空维度上，中华民族是个时间概念，绵延发展5000多年；同时，中华民族也是空间概念，在中华大地上绵延发展，扎根在中国黄河文化带、长江文化带、珠江文化带、长城文化带、大运河文化带等五大文化带上。可以说，中华文明是在"河流"中孕育和发展的。中国地处亚欧大陆的东端，东面是烟波浩渺的太平洋，西面有高耸云端的帕米尔高原、阿尔泰山等屏障，西南则是号称"世界屋脊"的青藏高原，北面是蒙古高原，再北就是冻土地带，形成一个半封闭地理单元，使得中华民族的先人有一个相对稳定的生存空间。其内部，自然环境又存在很大的差异性，长江、黄河、珠江等大河巨川的主干和支流，又把东南西北的族群连在一起，使得数千年来大家必须相互依存、互相补充。经过不断演进，中国五大文化带是在"滚雪球般"的拓展中形成的，炎黄子孙靠的是非征战的经济、文化、生活方式的交往交流交融，聚集在一起。

五大文化带是一个个动态开放的系统，内部和外部循环流动、交流，成为中国数千年来社会、经济、文化和人员迁移流动的大通道，并起到了调节和平衡中国东西南北社会、经济、文化差异的作用。英国历史学家 A. J. 汤因比（Arnold Joseph Toynbee）曾说，这一点"确保了古老中华文明五千年未曾断裂"，成为支撑着中华民族持续发展的基本因子和战略资源，是炎黄子孙 5000 多年绵延发展的地缘优势。

学者王巍强调，文明的存续发展，必须以经济发展为有力支撑。近年来，中华文明探源研究以浙江良渚、山西陶寺、陕西石峁和河南二里头四个都邑性遗址以及黄河、长江和辽河流域的中心性遗址作为工作重点，取得了丰厚的考古物证，实证了炎黄子孙在中国五大文化带上相互依存发展的演进历程。

距今 10000 年前后，中华文明奠基。距今 13000 ～ 10000 年的湖南玉蟾岩遗址、江西仙人洞和吊桶环遗址、广西甑皮岩遗址，出土了稻的植硅体，而在北京东胡林遗址出土了距今 10000 ～ 9000 年的炭化粟和黍。距今 10000 年，浙江上山遗址出土了栽培稻和红陶器、石器。农业的产生使各地出现了小型的定居村落，为文明的产生奠定了基础。

距今 8000 年前后，中华文明起源开启。因气候温暖湿润，稻作农业向北传播到了淮河下游地区，粟作农业在黄河中下游地区及燕山南北得到普及，并逐渐形成"南稻北粟"的农业分布格局。河北磁山遗址、河南裴李岗遗址、内蒙古兴隆洼遗址、浙江河姆渡遗址等出土了较多的农业生产工具，表明刀耕火种已发展为耜耕农业。在河南贾湖、内蒙古兴隆洼等遗址，出现极少数规模较大、随葬玉器或绿松石器的墓葬，说明社会已经出现分化，并出现了"以玉为美"的观念。此时，辽宁查海遗址出土的巨型石堆龙，是我国迄今为止发现的年代最早的龙形象。

距今5800年前后，中华文明起源加速。中华文明探源工程研究成果显示，大约从距今5800年开始，中华大地上各个区域相继出现较为明显的社会分化，进入了文明起源的加速阶段。各地的手工业也取得了显著进步，出现了质地坚实、表面光滑的精致陶器。山西师村遗址出土了6000多年前的四件石刻蚕蛹，有学者认为当时已发明了养蚕缫丝。辽宁牛河梁遗址、安徽凌家滩遗址等出现了一批大型的复杂社会群体，并开始出现社会等级分化。辽宁牛河梁遗址共存的玉龙、女神庙、高等级墓地（冢）和祭坛等一起形成"坛庙冢"的独特结构，被称为"中华五千年文明的曙光"。此时，人们的精神生活逐渐丰富。

距今5200年前后，中华大地进入文明阶段。当时，西辽河流域的红山文化开始衰落，而黄河中下游地区和长江中下游地区的文明走上了不同的发展道路，焦家、双槐树、石家河、良渚等遗址均属这一时期。长江下游环太湖流域的良渚文化、长江中游地区江汉平原和澧阳平原的屈家岭—石家河文化区，无论是聚落等级的分化还是公共资源、人力的调配，复杂程度较前一阶段已有质的变化，率先发展出了国家这种政体，步入文明。良渚古城是当时世界上规模最大的都邑，建有当时世界上规模最大的水利调节系统。焦家遗址新发现的高等级墓葬有多重棺椁和随葬玉石陶礼器的制度化表现，是中华文明礼制物化表现形式的源头之一。此时，中华文明的发展与两河流域和古埃及文明大体同步。

距今4300年前后，中原崛起。中华文明探源工程研究成果显示，中华各地的文明进程出现转型，其重要特征是中原崛起。距今4300～4100年，气候发生较大变化，气温异常，降雨不均，洪水频发，各地区文明的进程受到较大影响。距今4300年，黄河中游地区的势力集团在与周围其他集团的力量对比中逐渐占据优势，山西陶寺和陕西石峁两座巨型都邑相继出现。此时，中原和北方地区后来居上，开始新一轮的文明化发展。这也形成了一个以中原为中心的历史趋势，奠定了炎黄子孙发展的基础。

距今 3800 年前后，进入王朝时代。在夏王朝建立时，以嵩山东南麓为中心的区域，出现了十余座大型城址。河南登封王城岗、禹州瓦店等遗址，见证了中华文明进入以中原为中心的新阶段。商王朝继承了夏王朝开创的礼制，形成了以甲骨文为代表的成熟的文字体系，冶金术和礼制对更为广阔的区域产生影响。商王之下有相对完善的行政机构，有以王畿为中心的直接控制区和间接控制的方国。商朝的政治势力与文化影响东到大海，西及陇山，南跨江汉，北至燕山。和二里头遗址一样，殷墟没有防御性城郭，"大都无城"凸显了广域王权国家强盛的国势。

距今 3000 年，王权巩固。中华文明探源工程研究发现，四川三星堆遗址发现的 8 个器物坑的埋藏年代基本相当，距今 3100 年前后，此时到了商末周初。西周初年，周王通过"封邦建国"，册封自己的至亲和功臣到各地建立诸侯国，构建了当时最大规模的政体，形成了以青铜器的种类和数量差别构成的器用礼制。西周以分封制、宗法制、礼乐制为特征的文明形态，以周天子为核心的天下共主的国家结构，进一步强化了夏商以来的中央集权制度。距今 2600～2200 年前后春秋战国时期的百家争鸣，是与古希腊、古印度同时发生"轴心时代"人文精神的觉醒。

公元前 221 年，秦始皇统 中国，"海内为郡县，法令由一统"。在统一的多民族国家形成后，汉蜀锦"五星出东方利中国"、汉青铜镜"中国大宁，子孙益昌"等物证，彰显了"大一统"成为中华民族追求的最高价值和理想。西汉时，龙的"能幽能明，能细能巨，能短能长"的特质，已被龙的传人普遍接受。

在炎黄子孙相互依存和发展的过程中，呈现出诸多中国特色。如在历史大动荡时期，北方民族入主中原，即所谓的"五胡乱华"。与欧洲所谓的蛮族入侵不一样，五胡是游牧民族，他们虽也带来战乱，但更多的是带来北方民族充满活力的气质与气魄。大唐盛世的诸多业绩也源于北朝。可以说，北方草原民族不仅为中华民族注入了生命活力，还带来了欧亚大陆草原民族文化，在中西文化交流上起到了重要作用。每个文明世界无一例外地都存在着冲突和战争，而且不可能完全解决这种矛盾，而中国文明却有着更明显的和平倾向。

炎黄子孙在中国相互依存和发展的历程，实证中华文明具有突出的连续性、创新性、统一性、包容性、和平性。特别是中华文化认同超越地域乡土、血缘世系、宗教信仰等，把内部差异极大的广土巨族整合成多元一体的中华民族。中华文明的包容性，从根本上决定了中华民族交往交流交融的历史取向，决定了中国各宗教信仰多元并存的和谐格局，决定了中华文化对世界文明兼收并蓄的开放胸怀。这样的历程使中华文明生生不息、中华民族共同体牢不可破。

第一章

国家典范

"后母戊"青铜方鼎：人类青铜文化的"中国样本"

翁淮南

名称："后母戊"青铜方鼎

时代：商

尺寸：高133厘米，长110厘米，宽78厘米

关注『后母戊』青铜方鼎更名的背后，是中国人对血脉亲情文化，对家国情怀，对『我是谁』『我从哪里来』『我要到哪里去』的深刻探寻。

在人们常说的"大名鼎鼎""一言九鼎"中，"鼎"字代表着显赫、尊贵、盛大。以鼎为祭器或礼器的做法，源远流长。据《墨子·耕柱》记载，早在夏启之时，鼎已被用作祭器或神器。鼎也是中国青铜时代的典型器物，曾长期被视为立国重器，象征着国家的威仪和权力。

举世闻名的"后母戊"青铜方鼎（以下简称"后母戊"鼎），又称"后母戊"大方鼎，曾称"司母戊"鼎，重达832.84千克，铸造于商王武丁时期，现藏于中国国家博物馆。它所具有的历史、文化、科技和审美等综合价值，为世界理解中华文明特质和形态提供了"中国样本"。

⊙ 关注命名，强调青铜文化艺术价值

在1975年6月24日的"中国历史博物馆历史文物一级藏品登记表"中对这件登记号为Y279的文物是这样记录的：名称为"司母戊"鼎，质地为铜，时代为商，尺寸为通耳高133厘米、通身高106厘米、长116厘米、宽79厘米。

在器物名称方面，大部分专家认为"后母戊"的命名要优于"司母戊"，与"皇天后土"中的"后"同义。改为"后母戊"，其意义相当于伟大、了不起、受人尊敬，是将此鼎献给"敬爱的母亲戊"的意思。2011 年，"司母戊"正式更名为"后母戊"。2022 年，在中国国家博物馆纪念建馆110周年之际，文物出版社出版的《中国国家博物馆》画册最新解读了"后母戊"鼎，以简短的内容对过去的信息作了校正和补充。

截至目前，百度检索"司母戊"，找到相关结果约2000万个；百度检索"后母戊"，找到相关结果约3640万个。说明短短10余年间，接受"后母戊"的人数已经超过"司母戊"。世界上很少有文物因命名就引起如此多的关注。其背后是中国人对血脉亲情文化、对家国情怀，以及对"我是谁""我从哪里来""我要到哪里去"的深刻探寻。

"后母戊"鼎铭文

⊙ 青铜重器，彰显"殷道复兴"的盛世景观

"国之大事，在祀与戎"，夏商周文明里，"祀"与"戎"乃国家头等大事。

从文献记载看，商代在武丁时期历经多次征伐战争，逐渐走向兴盛。武丁重视农业，著名的刻辞卜骨"王大令众人曰协田"，是武丁亲自指示翻耕等具体劳作的反映。同时，青铜铸造业、丝绸纺织业、陶瓷制造业等手工业和商业也更加专业化。

通过文治武功，武丁时期出现了"修政行德，天下咸欢，殷道复兴"（《史

河南安阳殷墟出土的商代"后母戊"鼎（中国国家博物馆藏）

记·殷本纪》）的盛世景观。对此，孟子称赞："由汤至于武丁，贤圣之君六七作，天下归殷久矣，久则难变也。武丁朝诸侯，有天下，犹运之掌也。"

更令人称道的是，面积达 3600 万平方米的殷商都城也同之前的夏都二里头一样，没有高大的城垣，是个不设防的特大型都市。这是在向全天下自信宣告，商王畿地区不会有战争。而此时甲骨文"或（國、国）"字，戈为兵器，口为土地，合在一起，便是用实力保护家园。再后来，"或"字加上框，意味着防御性的城墙或长城出现了。

在"殷道复兴"的盛世背景下，家国一体开始成为中国人的价值观选择。由此，家国情怀源源不断地汇入中华优秀传统文化，形成"修身齐家治国平天下"的纲常伦理。

⊙ 工艺精湛，堪称中国青铜时代铸造技艺的标杆

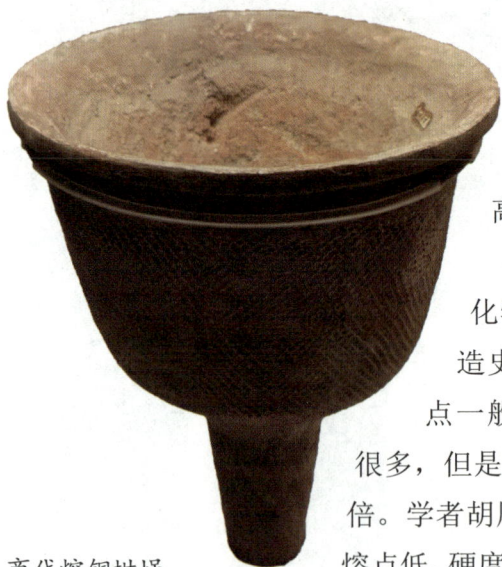

商王祖庚或祖甲为祭祀其母戊所制"后母戊"大鼎重器，实乃史上罕见。因为在塑造泥模、翻制陶范、合范灌注等制作环节中，存在一系列高难度的技术问题。

所谓青铜，是红铜与锡或铅、镍等化学元素的合金。合金的出现，是金属铸造史上一次重大的突破。商代青铜器的熔点一般在 700～900℃，比红铜的熔点要低很多，但是含锡 10% 的青铜的硬度却是红铜的 4.7 倍。学者胡厚宣、胡振宇认为，正是由于青铜具备熔点低、硬度高、化学性能稳定等优点，才受到青睐，并得以广泛应用。

商代熔铜坩埚
（中国国家博物馆藏）

根据铸痕观察，"后母戊"鼎的鼎身与四足为整体铸造，鼎身使用 8 块

陶范，每个鼎足各使用 3 块陶范，器底及器内各使用 4 块陶范。鼎耳是在鼎身铸成之后再装范浇铸而成。而将这些复合范拼合为一个整体，则需要高度熟练的技巧。

铸造"后母戊"鼎，还需要精密的计算与配合。此鼎所需金属原料超过 1000 千克，必须高效协同操作数个大型熔炉，保证有足够的金属液不断流入范内，稍有疏忽，都会导致严重的铸造缺陷。火候大小与熔炼时间不一致，也会使锡在炉中的氧化程度不同，从而造成含锡量的差异。开炉释放金属液的时间不协调，同样也会影响铸造质量。每道工序均需要人数众多而且具备一定专业技术的工匠。有学者研究认为，当时每只坩埚只能熔铜 12.5 千克，算下来浇铸"后母戊"鼎要用 70 多个坩埚，铸造时需要 100～300 人同时操作。

"后母戊"鼎的铸型与装配法

通过定性和定量分析发现，"后母戊"鼎含铜 84.77%、锡 11.64%、铅 2.79%、其他成分 0.8%，与战国时期成书的《考工记·筑氏》所记鼎的铜锡比例基本相符，可见中国古代青铜文明的内在传承。

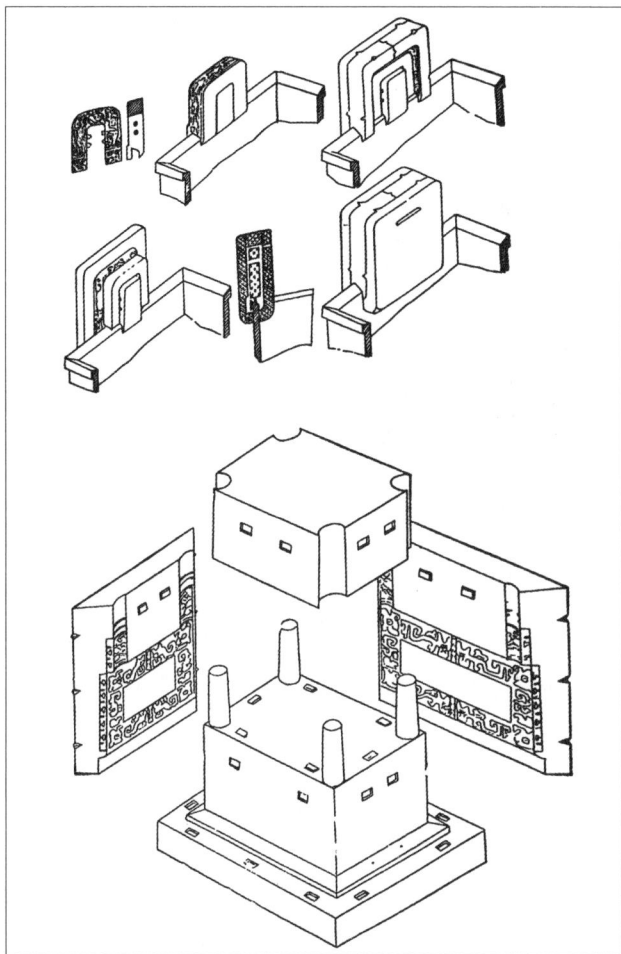

⊙ 饱经沧桑，却未曾离开过故乡

吴培文

1939 年 3 月，抗日战争期间，正值国难当头、兵荒马乱之际，河南省安阳县武官村村民吴希增在吴培文的农田中掘获"后母戊"鼎。大鼎出土时就已缺失了一只鼎耳，后又被砸断一只鼎耳。为防止日本人劫掠，吴希增和吴培文决定先将大鼎掩埋在吴培文自家院子的老水坑里，断掉的鼎耳则由吴希增保管。从此，吴培文做起了国宝守护人。

1946 年 7 月，安阳当地官员派人到吴培文家将鼎掘出，并在吴希增家夺走了鼎耳。10 月，《申报》特派员邵慎之实地采访，将其定为殷器，释铭文为"后妻戊"或"妻戊"。驻安阳军事当局闻讯接收大鼎，作为献给蒋介石六十大寿的礼物运往南京。蒋介石观后甚喜，下令交国立中央博物院筹备处保存。

1948 年 5 月，国立北平故宫博物院、国立中央博物院筹备处联合在南京中山门内半山园举办展览会，"后母戊"鼎作为重要的展品向社会展出。从照片看，当时大鼎还是断双耳。后来，考古学家曾昭燏组织文物修复专家根据那只断耳，又补铸了一只鼎耳，终于恢复了宝鼎的原貌。

全国解放前夕，曾昭燏致函国立中央博物院筹备处主任杭立武："运出文物，在途中或到台之后，万一有何损失，则主持此事者，永为民族罪人。"她拒绝赴台，并采取行动抵制国民党当局运走文物，并联合社会知名人士，写信呼吁将已运往台湾之文物运回。她更以太大太重、不好包装为由，竭力阻止"后母戊"鼎等重要文物赴台。1949 年 4 月，中国人民解放军占领南京，"后母戊"鼎成功留在了大陆。

曾昭燏

"后母戊"鼎双耳

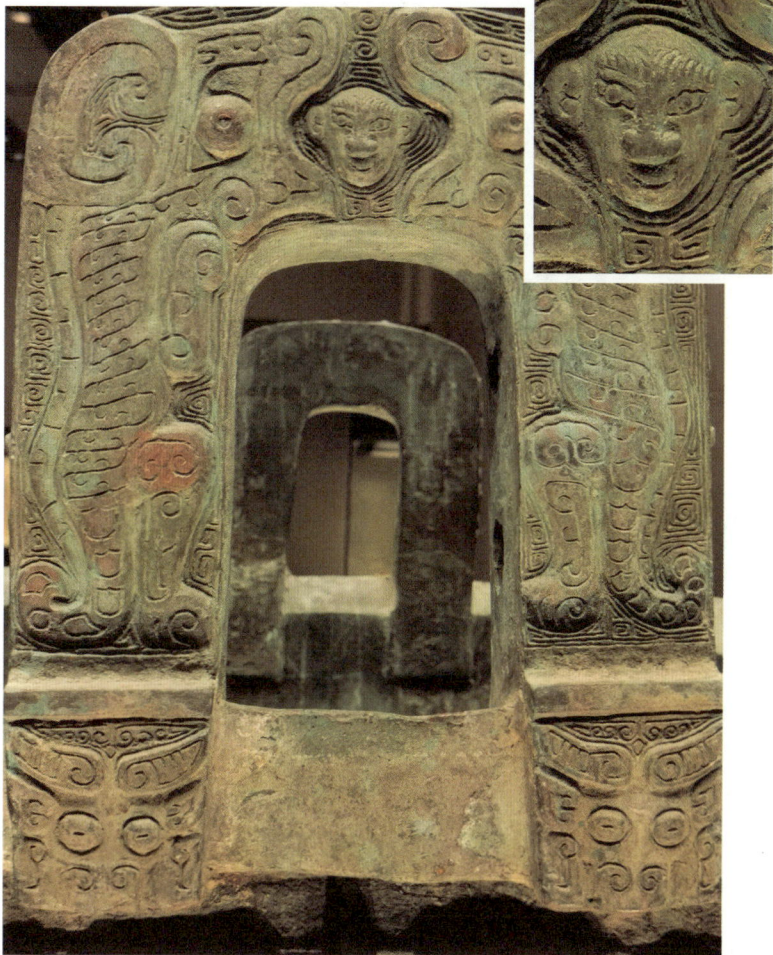

1959 年 4 月，南京博物院将"后母戊"鼎移交给正在筹建中的中国历史博物馆（今中国国家博物馆）。从此，保护、研究和展陈的接力棒传到中国国家博物馆。同年 12 月，"后母戊"鼎的合金成分及铸造工艺研究成果得以公布。1962 年，"后母戊"鼎的复制工作完成。1964 年 8 月，邮电部发行《殷代铜器》特种邮票，第八枚为面值 20 分的"司母戊鼎"邮票。1978 年，"后母戊"鼎被写入中学历史教材。2005 年 9 月，为支持并配合安阳殷墟申遗活动，"后母戊"鼎回到故里展出。2007 年 12 月，"司母戊"作为申请商标，

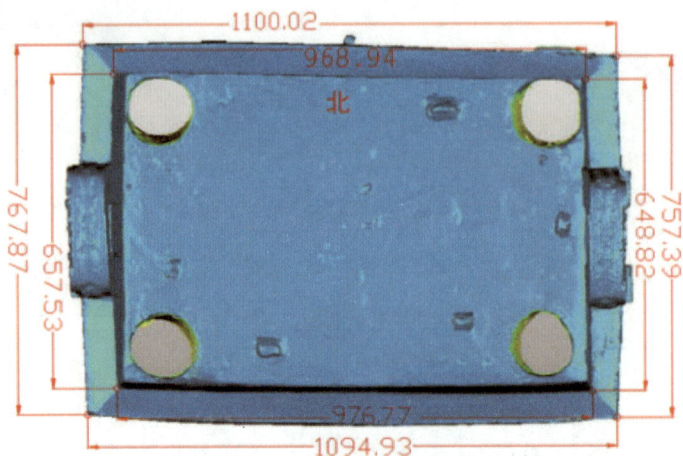

位置	尺寸（mm）		位置	尺寸（mm）	
鼎东壁外口沿	上	757.39	鼎南壁外口沿	上	1094.93
	下	754.41		下	1077.24
鼎西壁外口沿	上	767.87	鼎北壁外口沿	上	1100.02
	下	768.69		下	1091.60
鼎东壁内口沿	648.82		鼎南壁内口沿	976.77	
鼎西壁内口沿	657.53		鼎北壁内口沿	968.94	
备注	以鼎有铭文的一侧为北定方位				

"后母戊"鼎口沿俯视正像映射测量示意图及数据表

在国家工商总局商标局获准注册。2008年7～9月，"后母戊"鼎在北京奥林匹克公园内的中国科技馆新馆展出。2009年，中国国家博物馆对"后母戊"鼎立项研究（地面雷达激光扫描、精细测绘、三维数字、全方位X光探伤等）。2011年9月，"后母戊"作为申请商标，在国家工商总局商标局获准注册。2012年7月，中国邮政发行《国家博物馆》特种邮票，包括面值3元的"司母戊鼎"邮票。2013年7月，中国国家博物馆公布"后母戊"鼎的鼎足采样检测结果，显示其主要病害状况。2016年7月，《殷墟》特种邮票发行，"后母戊"鼎第三次登上方寸之地。一件古代器物能够3次上邮票，在新中国的邮票发行史上也是罕见的。

青铜利簋：武王征商时间的关键物证

篇淮南

名称：青铜利簋
时代：西周
尺寸：高28厘米，口径22厘米，
方座长20.2厘米

『国之大事，在祀与戎』，利簋的发现，为深入研究我国古代文明的起源和早期发展提供了一个完整的样本。

2022 年 6 月，融合自然科学与人文科学研究方法的《夏商周断代工程报告》发布了一个重大消息：武王伐纣的时间为公元前 1046 年 1 月 20 日。这个时间的确立从西汉学者刘歆的考证算起，已经过去了 2000 多年。这一切，要从青铜利簋（以下简称利簋）的发现说起。

⊙ 出土利簋记载"武王伐纣"

1976 年 3 月，陕西省临潼县零口公社（今西安市临潼区零口街道）农民搞水利建设时，于一处周代遗址的窖藏中发现了一件带铭文的青铜簋，因作器者名"利"，故称利簋。让人们震惊的是，利簋上赫然记载了"武王伐纣"这一重大历史事件。这是迄今为止发现的直接记述这一历史事件的唯一古文字材料，为人们历时 2000 多年确认西周代商的时间提供了最为关键的物证。

陕西临潼零口青铜器窖藏出土的西周青铜利簋
（中国国家博物馆藏）

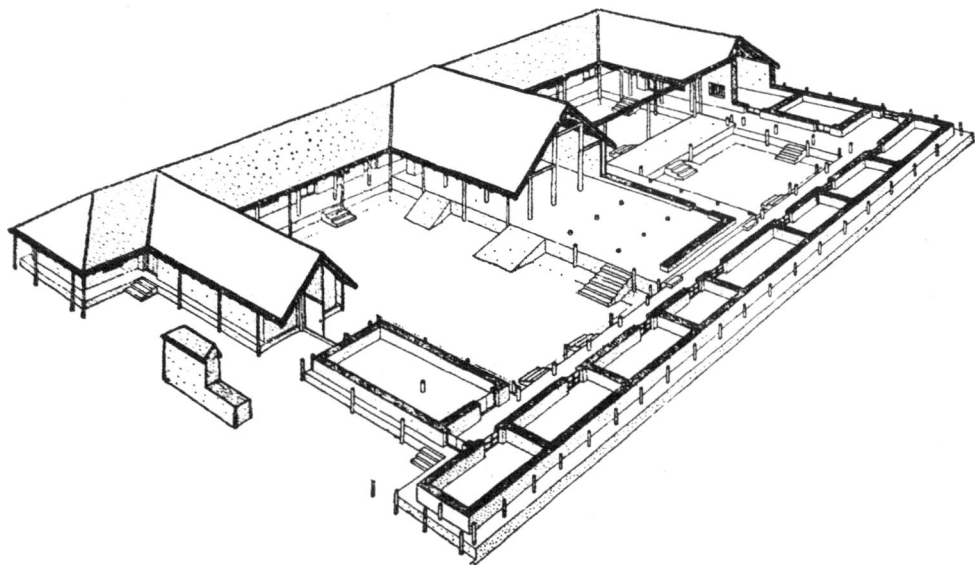

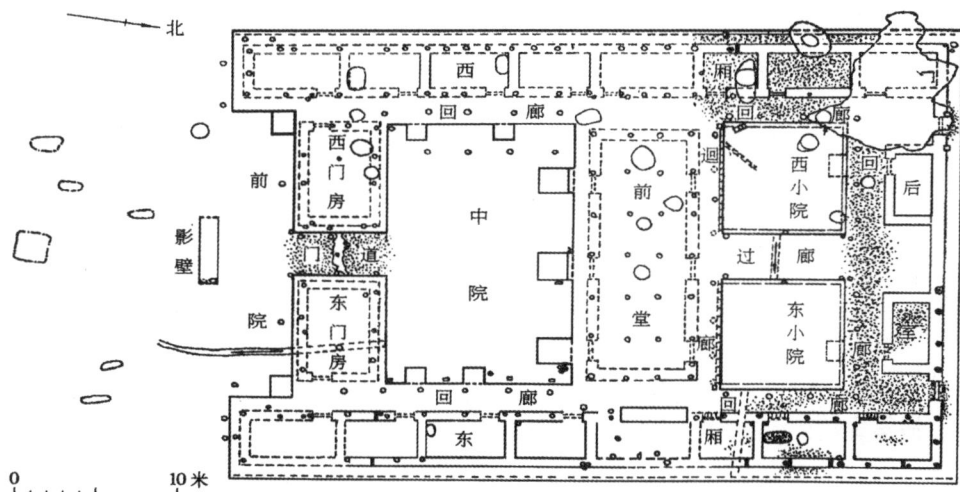

陕西周原岐山凤雏西周甲组建筑基址平面图及复原示意图

武王克商和牧野之战是西周代商的重要节点，历来被视为夏商周年代学的关键，由西汉末年的学者刘歆最早开始探索。武王克商是周武王姬发带领周与各诸侯联军起兵讨伐商王帝辛（纣），最终灭商建周的历史事件；牧野之战是周武王联军与商朝军队在牧野（今河南省淇县南、卫河以北，新乡市附近）进行的决战。

确认武王克商（灭商建周）时间之难的主要原因有三：

一是传世典籍证据不足。如西周共有多少年？据战国到南北朝时期的文献，如《左传》《孟子》、古本《竹书纪年》《史记·鲁世家》《世经》等记载，西周计年相差 200～300 余年……这些都需要进行精确梳理。

二是学者大多从个人专长或专业出发进行研究。如，西汉末年学者刘歆依据古本《竹书纪年》推算西周建立的时间为公元前 1122 年，梁启超推算为公元前 1027 年，天文学家卢景贵提出公元前 1046 年的观点。

三是自然科学与人文科学的研究没有形成合力。1996 年"夏商周断代工程"启动伊始，梳理不同学科对西周代商年代的代表性意见达 40 余种，最早的是公元前 1130 年，最晚的是公元前 1018 年，上下相距达 112 年。

近年来，诸多科技手段被运用到年代研究中。如用常规法和 AMS 法（一种高精度测量放射性同位素比率的技术）对丰镐遗址（位于陕西省西安市）地层中采集的系列含碳样品做了碳 -14 年代测定，用碳 -14 年代测定商后期的殷墟（位于河南省安阳市）系列、西周的琉璃河（位于北京市房山区琉璃河镇董家林村）系列和曲村—天马（位于山西省临汾市曲沃县曲村）系列。专家们还对殷墟甲骨文宾组卜辞中 5 次月食的年代进行认证和计算，得出武王克商年代范围应在公元前 1050～前 1020 年。最终，根据利簋铭文中天象的记载，通过对天文的推算，专家们将武王克商的年代确定在公元前 1046 年。

⊙ 利簋彰显"天人合一"思想

簋，流行于我国商代至春秋战国时期，主要用于放置饭食，是古代盛装煮熟的稻、粱等食物的器皿。在商周时期，簋除了作为盛放食物的器皿之外，也是重要的礼器，在宴飨和祭祀时，簋以偶数与列鼎配合使用。

带方座的簋只见于西周早期，数量很少，无器盖。利簋高 28 厘米，口径 22 厘米，方座长、宽各 20.2 厘米，重 7.95 千克。侈口，深腹，上腹近直，下腹弧内收，圈足下附方座，双兽首衔鸟头状耳，耳下有垂珥。整件器物上为圆体，下为方体，整体造型表达出"天圆地方"的理念。天与圆象征着运动，是如六十甲子一般周而复始的天时；地与方象征着静止，是东南西北的方位和地势。"天圆地方"实际是"天之道"与"地之道"的统一，彰显出利簋蕴含的"天人合一"的思想。

利簋局部

利簋的造型典雅、厚重、庄严、雄伟，其腹部和方座座壁的纹饰以饕餮纹为主，呈现出一种威严与狞厉之美。

利簋的铸造采用先铸造器体或附件，然后将两者接铸的分铸法，较多承袭商代遗风。矿石为孔雀石，燃料为木炭，所用陶坩埚（又称"将军盔"）一次能熔铜 12.5 千克。将熔铜液浇注到事先做好的陶质模范内，冷却后便可成型。

⊙ "利"用周王所赐吉金铸簋

武王克商和牧野之战宣告商朝的灭亡，周朝登上历史舞台。利簋腹内底部铸有铭文 4 行，计 32 字：

珷（武王）征商，唯甲子朝，岁鼎（贞），克，昏夙又（有）商。辛未，王在阑师，锡又（有）事（史）利金，用作檀公宝尊彝。

这段铭文的大意是：武王伐商，在甲子这一天凌晨，岁星当空。（战斗到）次日天明，攻下商都。七天之后的辛未日，武王驻扎在阑这个地方，赏赐主知天道的史官"利"（人名）吉金（铜）。利用这些铜铸造了这个簋来纪念祖先檀公。

利簋铭文透出三条重要信息：

一是记载了牧野之战这一重大历史事件。"唯甲子朝，岁鼎"，可以想象，当时甲子日，岁星中天，这正是周武王在商郊牧野作《牧誓》演说、发动总攻的时刻。利簋铭文也印证《尚书·牧誓》中的记载："时甲子昧爽，王朝至于商郊牧野，乃誓。"次日天明，攻下商都，也证实了古籍中所载"战，一日而破纣之国"。利簋铭文和文献、天文条件等信息契合。

利簋铭文

二是专业史官记载了牧野之战。牧野之战是中国历史上以少胜多、以弱胜强、先发制人的著名战例，也是我国古代车战初期的著名战例。铸造此簋的"利"的职务为"右史"。《左传·哀公元年》和《国语·周语》都曾讲到周人史官主知天道。

三是此簋的主人为"利"。这是目前发现的我国西周时期最早的署名青铜器。利用周王赐的吉金铸造此簋，作为礼器祭祀祖先，说明"国之大事，在祀与戎"的理念已传承到周朝，并发扬光大。"祀与戎"对后世中国礼乐文明和儒家文化发展都产生了重大影响。

⊙ 夏商周断代的纪年"坐标"

武王克商的时间之所以重要，是因为这一时间是夏商周断代的纪年"坐标"。如要得到商后期商王在位年表：盘庚迁殷为公元前 1300 年，盘庚（迁殷后）、小辛、小乙在位共 50 年，为公元前 1300～前 1251 年；武丁在位 59 年，为公元前 1250～前 1192 年；帝辛在位 30 年，为公元前 1075～前 1046 年。

我们还可以将商前期年代框架大致推定如下：商代始年为公元前 1600 年左右，仲丁迁隞为公元前 1430 年左右，河亶甲居相为公元前 1405 年左右，祖乙迁邢为公元前 1403 年左右。再往上，对夏的始年，基本年代构架可估定为公元前 2070 年。

以上得到的夏商历代君王在位年表的大致情况与考古学文化各期的测年结果大体吻合。因此，利簋的发现，为深入研究我国古代文明的起源和早期发展提供了一个完整的样本。相信顺着时间轴线向历史深处的不断拓展，专家们或将会有更多的重要发现，带给人们更多的惊喜。

《兰亭集序》：映照一个历史时代的民族交融

杨超

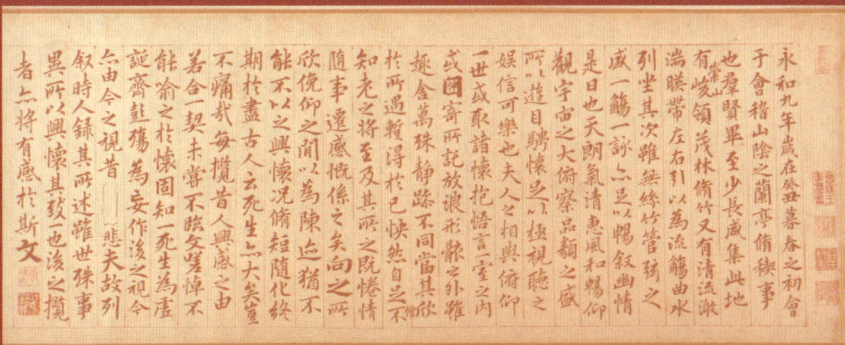

名称：冯承素摹东晋王羲之《兰亭集序》卷

时代：唐

尺寸：纵 24.5 厘米，横 69.9 厘米

一幅《兰亭集序》，映照出两晋时期的历史图景：多个政权分立的背后，是各民族之间没有中断的交往、交流与交融。

"仰观宇宙之大，俯察品类之盛，所以游目骋怀，足以极视听之娱，信可乐也。"2022年10月，在国际空间站执行任务的意大利女宇航员萨曼莎·克里斯托弗雷蒂在社交媒体引用中国东晋书法家王羲之《兰亭集序》的名句，表达在太空的所见与所想，并配有从太空拍摄的中国风景照片，让不少网友赞叹不已。

　　"永和九年，岁在癸丑，暮春之初，会于会稽山阴之兰亭，修禊事也。群贤毕至，少长咸集。此地有崇山峻岭，茂林修竹，又有清流激湍，映带左右，引以为流觞曲水，列坐其次。虽无丝竹管弦之盛，一觞一咏，亦足以畅叙幽情。是日也，天朗气清，惠风和畅，仰观宇宙之大，俯察品类之盛，所以游目骋怀，足以极视听之娱，信可乐也。……后之视今，亦犹今之视昔。悲夫！故列叙时人，录其所述，虽世殊事异，所以兴怀，其致一也。后之览者，亦将有感于斯文。"《兰亭集序》全文324个字，通篇遒媚飘逸，字字精妙。

明代钱榖《兰亭修禊图》局部（美国纽约大都会艺术博物馆藏），卷前有王穀祥题"兰亭修禊"，卷后有钱榖书《兰亭集序》及集诗

东晋永和九年（353），在会稽郡山阴（今浙江绍兴）兰亭举行的一场集会，有 40 多位名士参加。王羲之"微醉之中，振笔直遂"，书写了一幅"江南历史画卷"。1600 多年来，兰亭集会与《兰亭集序》对后世的中国文人都产生了深远的影响。同时，通过《兰亭集序》，我们还能探寻到一段民族交融的历史。

⊙ 兰亭集会与《兰亭集序》

王羲之像

永和九年三月初三，会稽内史兼右军将军王羲之邀请好友，在会稽山阴兰亭进行上巳节的"修禊"（一种被除灾病的祈福活动）。众人在蜿蜒的溪边依次列坐，"流觞曲水"：上游一人将盛满酒的酒杯放至盘中，顺流而下，酒杯流至客人面前，客人即须吟诗作赋，作不出便被罚酒。当时大家所赋诗歌 37 首，结集为《兰亭诗集》，推举聚会主办者、德高望重的王羲之为其作序，即《兰亭集序》。

这场文人聚会和取得的成果，已然成为后世效仿的范例。南宋诗人刘克庄为纪念这一天，写成《忆秦娥·上巳》："修禊节，晋人风味终然别。终然别。当时宾主，至今清绝。等闲写就兰亭帖。岂知留与人闲说。人闲说。永和之岁，暮春之月。"

《兰亭诗集》集中体现了因魏晋玄风所形成的魏晋风度，流露出士人的生死之悲、山水之情。魏晋名士将儒、佛、玄、道融于至和，美于至臻，最终形成了清峻、通脱、华丽的诗文之"气"，以及追求以"玄"为核心的书法之"韵"。无疑，王羲之的《兰亭集序》就是魏晋风度杰出的代表作之一。魏晋时期，国家战乱频繁、社会动荡不安，却形成了中华文明史上独树一帜的魏晋风度，这实属难得。而《兰亭集序》则留住了魏晋风度的底色，赓续着中华文脉传统。

这次集会有多位东晋名士到场。根据南宋桑世昌《兰亭考》记载，此次集会参加者共42人。但南朝梁刘孝标注释《世说新语·企羡》和唐代何延之《兰亭记》说参加者为41人，因这个说法缺少人名细节，故后人多采用42人之说。此次集会上，王羲之、谢安等11人成四言诗和五言诗各一首，郗昙、虞说等15人各成一文，王献之等16人诗不成，被罚酒三巨觥。42位来自大江南北的名士在会稽山阴荟萃一堂，"群贤毕至"。南北士族文人雅集，体现了黄河文化、长江文化以及钱塘江文化的对话。

《兰亭集序》在中国文化史和书法史上都有着无法替代的地位。"文而不华，质而不野，不激不厉，温文尔雅"，王羲之以超然绝俗的天赋，为后世树立了文学和书法领域的丰碑。

自五代梁、唐后，王羲之书法成为"终古之独绝，百代之楷式"。北宋书法家黄庭坚称赞《兰亭集序》"反复观之，略无一字一笔不可人意"。明代书画家董其昌评之："右军《兰亭序》，章法为古今第一，其字皆映带而生，或小或大，随手所如，皆入法则，所以为神品也。"

元代至大三年（1310），书画家赵孟頫前往大都，途中得到《宋拓定武兰亭序》，喜出望外。"余北行三十二日，秋冬之间而多南风，船窗晴暖，时对兰亭，信可乐也。"行船一月有余，赵孟頫逐日临书并为之作跋，仅"独孤本"就有十三跋，后人称《兰亭十三跋》。"右军字势古法一变，其雄秀之气出于天然，故古今以为师法。"赵孟頫感慨不已，"右军人品甚高，故

唐代冯承素摹东晋王羲之《兰亭集序》卷（故宫博物院藏）

书入神品"。作为传继"二王"（王羲之和王献之）书风的关键人物，赵孟頫道出了《兰亭集序》艺文兼备、技道互参的精髓。

《兰亭集序》是后世奉为圭臬的书法珍宝，亦为流传千古的文学名篇。清代文学家吴楚材在《古文观止》中评道："通篇着眼在死生二字。只为当时士大夫务清谈，鲜实效，一死生而齐彭殇，无经济大略，故触景兴怀，俯仰若有余病。但逸少旷达人，故虽苍凉感叹之中，自有无穷逸趣。"雅集佳序，道尽人生。文史大家周汝昌将《兰亭集序》列为中华文化的三大国宝之一（另二为《文心雕龙》《红楼梦》），认为"皆属极品，后人永难企及——更不要说超过了"。

⊙ 兰亭集会的另一重意义

东晋时期，琅琊王氏、颍川庾氏、陈郡谢氏、龙亢桓氏四大家族势力庞大，轮流掌控着东晋王朝的实际政权，是门阀制度的突出代表，四大家族几乎贯穿了整个东晋历史。有趣的是，四大家族均有代表出现在兰亭集会上。

西晋永嘉南渡后，南迁的北方人怀念家乡，希望晋廷北伐、恢复中原。永和三年，东晋权臣桓温带兵讨伐成汉并灭其国，声威大震。两年后，桓温趁北方形势变乱，上疏请求北伐。晋廷忌惮桓温功高震主，提拔扬州刺史殷浩来抑制他。永和六年，殷浩被任命为中军将军，都督扬、豫、徐、兖、青五州诸军事，主持北伐。永和八年，殷浩领兵北伐，但被前秦所败。

桓温与殷浩两大重臣长期失和，不利于东晋政权的稳定。王羲之等有识之士一直在致力于调和二人之间的矛盾，但收效甚微。《晋书·殷浩传》载："王羲之密说浩、羡，令与桓温和同，不宜内构嫌隙，浩不从。"殷浩第一次北伐失利后，执意准备第二次北伐，王羲之劝他缓一缓，不要急于与桓温争功，但殷浩不听，"恐殷侯必行"正是王羲之忧虑心情的流露。兰亭集会就发生在殷浩两次北伐的间隙。兰亭集会上，桓温之子桓伟和殷浩僚佐王彬之同时到场，或许这是王羲之的有意安排，抓住时机、调和矛盾，也许是让他们会面的目的之一。但桓、殷依旧势不两立，调解已然无效，集会之后不久，殷浩即开始第二次北伐。同年十月，殷浩率七万大军出征，不久即遭惨败。

永和九年是历史的一张切片。一幅《兰亭集序》，映照出两晋时期的历史图景：政权分立的背后，是各民族之间不曾中断的交往、交流与交融。

东晋"永和九年"砖（绍兴博物馆藏）

当时，北方和巴蜀的前凉、前燕、前秦、西秦等十六国政权征伐不已、年年混战，中原人不得不南下避祸。一场空前的大迁徙席卷中国：北方各族迁入中原，中原士族迁入南方，与以顾荣、贺循为首的南方士族之间既有斗争又有交融，最终实现了南北各族的大融合。北方先进的生产力和技术被带到江南，得到前所未有的发展，六朝烟水间金陵崛起，荆州、扬州、益州亦然。这一时期江南农业、手工业发展迅速，为日后中国经济重心的南移奠定了基础，也为以后新的统一奠定了基础。

盛于永和九年的这场千古集会，见证着南北士族的融合与江南的开发，更作为士族文化的道统，贡献于中国人的精神家园，维系着中华民族的文化认同、融合与统一：地理版图有伸缩变化，但只有"胖瘦"之分而无"器质"裂变。这些，为以后的南北地理统一埋下了伏笔。

正所谓"天下大势，分久必合"，中国历史上，既有漫长的统一时期，也有时间不短的分裂时期，但"大一统"始终是中国历朝历代的追求，这对中华民族共同体的形成发展有着深远的影响。

秦琅琊刻石：

两千多年前的大一统宣言

罗慕蓁

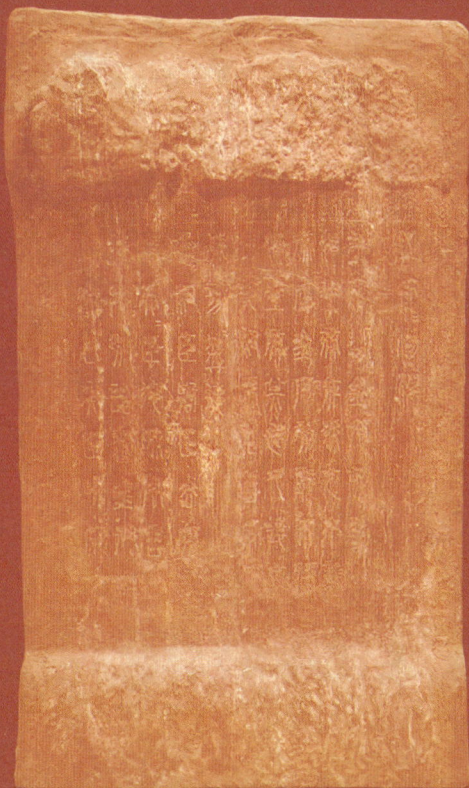

名称：琅琊刻石

时代：秦

尺寸：高 132.2 厘米，宽 65.8～71.3 厘米，
　　　厚 36.2 厘米

在古人眼中，石头是稳定坚固的象征，他们以石头为载体，希望刻在石头上的文字可以跨越时空，历久弥新。

北宋熙宁七年（1074），在密州（今山东诸城）任知州的苏轼偶然寻得一些刻石的拓片。拓片上的字体浑圆厚重、古意盎然，深深震撼了他。得知这些拓片拓自琅琊刻石，痴迷书法的苏轼遂亲往琅琊台一观究竟。此时，距离琅琊刻石刻成已过去 1200 多年，展现在苏轼眼前的琅琊刻石历经风雨侵蚀，已损毁严重。如此具有重大文化历史价值的刻石，若损毁不传，岂不可惜？于是，苏轼与擅写篆体的文勋强强联手，请文勋根据自己在民间搜集到的相对完整的旧拓本临摹刻石，自己则撰写跋文于其后，将临摹的刻石置于修整一新的超然台上。

琅琊刻石因苏轼的撰文而声名大振。苏轼无意间成为有史记载的第一位保护、传承秦琅琊刻石的官员，使得后世人们加大了对秦琅琊刻石的保护力度。时光流转，苏轼于超然台上所立秦篆碑及东坡跋文今皆不存。幸运的是，秦琅琊刻石历经各种劫难，最终仍然有87字残石存世，藏于中国国家博物馆。

秦代琅琊刻石（中国国家博物馆藏）

⊙ 石头上的记忆

"君当作磐石……磐石无转移。"在古人眼中，石头是稳定坚固的象征，连在爱情里也希冀忠贞如石。所以不难理解，古人将石头用作一种信息载体，希望刻在石头上的文字可以跨越时空，历久弥新。

中国古代刻石种类繁多，从内容上可分为纪事刻石和经典刻石两大类。东汉大书法家蔡邕以隶书写定《诗》《书》等儒家经典刊刻于石碑上，立于最高学府太学之外，供天下读书人观摩，是谓"熹平石经"，这便是经典刻石的代表。而秦琅琊刻石则是纪事刻石的代表。

东汉"熹平石经"残石
（中国国家博物馆藏）

⊙ 秦王扫六合，琅琊纪功业

琅琊台是一处气势宏伟的秦代高台遗址，位于山东省青岛市黄岛区西南海滨。"琅琊台"一名最早见于《山海经·海内东经》："琅邪台在渤海间，琅邪之东。"在时间长河中，琅琊台静静地承载着一位帝王的伟业与骄傲。公元前221年，秦始皇完成了统一中国的大业，自称"始皇帝"，开启了中国统一的多民族国家发展的历程。据史料记载，秦始皇统一六国后，曾五巡天下，三次登临琅琊台。公元前219年，秦始皇第二次巡游天下，他登临琅琊山，修筑琅琊台，并刻石颂扬他统一中国的功绩，琅琊刻石由此诞生。

早在先秦时期，我国就逐渐形成以炎黄华夏为凝聚核心、"五方之民"

共天下的交融格局。但在秦统一六国后，却面临着诸多实际困难：各地语言文字不同，一份通行全国的诏书不能让所有人看懂，政令贯彻大打折扣；各地车道宽窄不一，车辆轨距混乱，车辆无法通行全国；各地计量单位不一，度量衡混乱，阻碍了工商业的发展……为扭转这一局面，秦始皇颁布了一系列政令，最终实现"今天下车同轨、书同文"的理想，为后世各民族沟通往来和文化交融搭建了坚实的载体。这一系列功绩，都被记载在琅琊刻石上。

秦始皇像

刻石纪事并非秦始皇首创。从战国起，秦国记录重大事件的载体便以刻石居多。明确为先秦刻石的有秦始皇先祖秦景公的"秦公一号大墓"中出土的纪事石磬，以及唐代在陕西所出的秦石鼓。秦始皇东巡刻石，正是继承秦地刻石纪事的传统。

琅琊刻石记载了秦统一中国后废分封、设郡县、车同轨、书同文、明法度、统一度量衡以及重农抑商等诸多重大举措，是了解秦代统一事业的重要文献。其内容分两部分：前半部分记述秦始皇统一天下的功绩以及从臣姓名；后半部分记录李斯随同秦二世出巡时上书请求在秦始皇所立刻石旁刻诏书的情形。今存的琅琊刻石为

战国时期秦石鼓
（故宫博物院藏）

后半部分，残存 13 行、87 字，为公元前 209 年秦二世补刻的诏书及其从臣姓名，字迹漫漶。内容如下：

> 五大夫□□
> 五大夫杨樛。
> 皇帝曰："金石刻尽
> 始皇帝所为也。今袭
> 号而金石刻辞不称
> 始皇帝。其于久远也。
> 如后嗣为之者，不称
> 成功盛德。"
> 丞相臣斯、臣去疾、御
> 史大夫臣德昧死言："臣
> 请具刻诏书金石刻。
> 因明白矣。臣昧死请。"
> 制曰："可。"

琅琊刻石的前半部分内容可以在《史记·秦始皇本纪》中看到，即所谓"皇帝之功，勤劳本事。上农除末，黔首是富。普天之下，抟心揖志。器械一量，同书文字。日月所照，舟舆所载。皆终其命，莫不得意。……"，书同文、车同轨、量同衡等大事件都真切地记录其中。

那么琅琊刻石上的这种"书同文"标准小篆字体，又出自谁之手呢？

⊙ 小篆创始人李斯：一代"秦漂"的偶像

"楚人立志出乡关，功成名就在秦国"，这是一代秦相李斯的人生写照。公元前 237 年，因水工郑国事件，秦王嬴政发布逐客令，下令驱逐所有客卿。从政生涯即将走到终点的李斯挥笔写就《谏逐客书》，凭一己之力化险为夷，打消了嬴政逐客的念头，从此仕途畅通无阻。

秦统一六国后，急需一种通行全国的官方文字。李斯奉命制作这种标准字样，他在籀文大篆的基础上进行整理、规范及改造，创制了小篆。古文字学家高明在其《中国古文字学通论》中，将李斯改造文字的过程作了总结：固定各种偏旁符号的形体；确定每种形旁在字体中的位置；每字形旁固定，彼此不能代用；统一每字的书写笔画数。除此之外，小篆还有左右对称、形体稍长、内部空间距离相等的形体特征。

李斯所书小篆从此成为后世文人书家学习篆书之佳范。从《澄清堂帖》收录的琅琊刻石宋拓本可以看出，琅琊刻石结字严谨、工整瘦长、古厚圆浑，对称中蕴含飘逸秀美。唐代著名书法理论家张怀瓘在《书断》中将李斯所书小篆定为"神品"，赞曰："李君创法，神虑精微。铁为肢体，虬作骖騑。江海淼漫，山岳峨巍。长风万里，鸾凤于飞。"

巍巍中华，六合同风，九州共贯。数千年屹立，数千年风霜。琅琊刻石向今人展现了当年的秦之伟业：书同文、车同轨、量同衡、行同伦，开启中国统一多民族国家的发展历程，展开"五方之民"及其后裔不断交往交流交融的历史画卷，也为中国书法留下绚丽的艺术财富，滋养了一代又一代中国人。

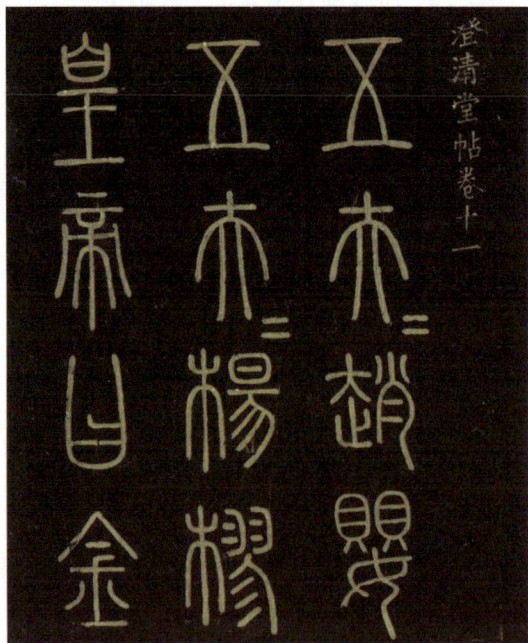

《澄清堂帖》卷十一收录的琅琊刻石宋拓本局部（中国国家博物馆藏）

『中国大宁』铜镜:

小小铜镜里的家国情怀

胡安娜

名称:"中国大宁"瑞兽博局纹鎏金铜镜

时代:西汉

尺寸:直径 18.6 厘米,缘厚 0.6 厘米

这些铭文器具表达着先民的思想，包含着从古至今一直未变的对国家统一、社会安定、百姓富足安康的美好祈愿。

铜镜是我国古人的一项重要发明。它从最初的礼器发展到日常生活中的实用器，经过时间的沉淀，又被赋予更多深层次的含义。"以铜为镜，可以正衣冠；以古为镜，可以知兴替；以人为镜，可以明得失。"这是唐太宗对名相魏徵的评价。镜子的功能被引申出以史为鉴、以人为戒的警示意义。

　　铜镜制作精良、形态美观、图纹华丽、铭文丰富，是我国古代文化艺术遗产中的瑰宝。透过表象，不同时代的铜镜反映出各自时代的使命和精神，更可鉴国家之盛衰。

⊙ 水光反照，镜起之源

　　镜子源起何时？从考古学研究看，有受盆水映面启迪而发明的"鉴来"说，有由集光取火的工具阳燧演化成照面用铜镜的"阳燧来"说，有受铜刀、铜斧、铜泡＊等表面光滑反光金属器启发而发明的"青铜器来"说，等等。

铜镜的起源，可以从文字说起。西周早期甲骨文中的"监"字，其字形像一人跪或立在盛水的器皿旁。金文中的"监"字，容器中加了一"横"，代表器内有水，可以反射照容。"监"亦通"鉴"，"鉴"又同"鑑"，就是古时用以盛放水或冰块的青铜大盆。或许古人在无意间低头探照，发现水面或打磨较光滑的盆底可以映照面容，故"鑑"逐步演化为指照形用具。"鑑"与"镜"读音相仿，后称为镜。清代徐灏在《说文解字注笺》中说："鑑，古祇作坚，从皿以盛水也。其后范铜为之，而用以照形者，亦谓之鑑，声转为镜。"

甲骨文"监"　　　　　　　金文"监"

我国是世界上最早使用青铜镜的国家之一。中华人民共和国成立以来的考古发现证明，位于黄河上游甘青地区、距今约 4000 年的新石器时代晚期的齐家文化先民已经开始使用类型不同、铸有纹饰的铜镜。目前已知的齐家文化铜镜有 3 面。一面是 1975 年甘肃省广河县齐家坪遗址出土的素镜。该镜镜背无任何纹饰，直径 6 厘米、厚 0.3 厘米，中心铸有弓形小纽。一面是 1976 年青海省贵南县尕马台 25 号墓出土的七角星纹镜。该镜直径 8.9 厘米、厚 0.3 厘米，纽已残损，镜边缘凿有两个不规则的小孔。还有一面是相传出土于甘肃省临夏回族自治州的重轮星芒纹铜镜。该镜直径 14.6 厘米、厚 0.15 厘米，上铸弓形纽，无纽座。镜面略凸，镜背三重凸弦纹圈将镜背分为内外双轮，分别饰十三角和十七角星芒纹。

＊铜泡：古代常见的一种装饰物，一般用在衣服、马具或箱子上。

齐家文化的 3 件铜镜皆为圆形，且尺寸较小。从使用价值看，其中七角星纹镜镜缘处有两个小孔，出土时发现有类似细绳穿过的痕迹，由此可以推测其用途之一就是悬挂或作为配饰之用。齐家文化时期，原始宗教活跃，巫祝文化盛行，巫师在祭祀或做法时，会将各式铜镜穿绳佩戴在身上，通过铜镜背面特殊的符号印记和铜镜本身类似盾牌的作用，达到驱邪除魔的目的。我们大致可以推断这 3 面齐家文化铜镜主要是作为祭祀时使用的法器，或者作为带有某种特殊意义的配饰，悬挂佩戴使用。这也反映出早在 4000 年前，居住在黄河流域的先民已经对美好生活有了发自内心的憧憬。

◉ 家国情怀，"中国大宁"

自古以来，除了用作祭祀占卜时的法器，镜子也被用作祈福用具。汉代是我国古代大一统国家发展和巩固的重要时期，也是继战国之后铜镜的第二个发展高峰。从出土的汉代铜镜来看，不仅数量较前代大幅增多，铸造质量和工艺技术有较大提高，纹饰风格也有所创新，尤其是带有美好祝愿和祈福的镜铭开始流行。汉镜铭文承载着丰富的文化内涵，具有极高的史学和文学价值。

齐家文化重轮星芒纹铜镜
（中国国家博物馆藏）

汉代王氏十二辰博局纹铜镜
（中国国家博物馆藏）

汉代"周氏作竟"车马人物画像铜镜
（中国国家博物馆藏）

1952年，湖南省长沙市北郊伍家岭211号西汉墓出土了一面鎏金铜镜。此镜直径18.6厘米，缘厚0.6厘米。圆形、圆纽，四叶纹纽座，间饰兽首纹。纽座外围有双线方框。镜背纹饰由一周双线弦纹分为内外两区，弦纹上分布四凹圆点，与双线方框之四角相对。方框外饰博局纹中的"T"形纹，间饰羽人、玄武、朱雀、瑞兽等。博局是当时从宫廷到民间都十分流行的棋类游戏，棋盘也因此常常被当作镜子上的装饰纹样。镜背间铸52字秦小篆铭文："圣人之作镜兮，取气于五行。生于道康兮，咸有文章。光象日月，其质清刚。以视玉容兮，辟去不羊（祥）。中国大宁，子孙益昌。黄（裳）常元吉，有纪刚（纲）。"镜主人揽镜骋思，胸怀家国，祝福祖国国泰民安，祝愿家族日益兴盛之情跃然镜上。这也是铭文里较早出现"中国"一词的铜镜之一。

湖南长沙伍家岭211号西汉墓出土的"中国大宁"瑞兽博局纹鎏金铜镜及拓片
（中国国家博物馆藏）

　　公元前221年，秦始皇统一中国，建立起中央集权的多民族国家。继之而起的汉代经汉初"无为而治"，到"文景之治"，再到汉武帝时"罢黜百家，独尊儒术"，军事上更是有卫青、霍去病等名将英勇抗战，北击匈奴、西通西域，国家出现繁荣局面。

"中国大宁，子孙益昌"铭文

西汉名将霍去病是大将军卫青的外甥，二人关系亲厚，曾多次一起出征。霍去病善骑射，是位少年英雄，18岁就成为皇帝的侍中。元狩二年（公元前121）的春天，皇帝任命霍去病为骠骑大将军，征战陇西。这一战不仅使汉朝控制了河西地区，更为日后与西域互通打下良好基础。此后，霍去病多次出击匈奴，有漠南之战、漠北之战，封狼居胥。班固在《汉书·叙传》赞其："票骑冠军，猋勇纷纭，长驱六举，电击雷震，饮马翰海，封狼居山，西规大河，列郡祁连。"元狩六年，年仅24岁的霍去病英年早逝。汉武帝对他的死万分悲痛，不仅调遣边境五郡的铁甲军为霍去病列阵，还将其坟墓修葺成祁连山的样子，以彰显霍去病的军功。

位于陕西兴平的霍去病墓

随着汉代疆域的拓展，各地物质文化交流的扩大，社会日趋繁荣。带有"中国"二字铭文器具的制作，正是大汉盛世的表现。这些铭文器具表达着先民的思想，包含着对国家统一、社会安定、百姓富足安康的美好祈愿。在中华民族 5000 多年的文明史上，民族团结、社会安定、国家统一、文化传承始终是发展的主流，更是人心所向。

从汉代先民制造的"中国大宁"铜镜，到今天习近平总书记在党的二十大报告中强调要"铸牢中华民族共同体意识"，反映出我国人民向往民族团结、祈福国泰民安的心愿和情怀从古至今一直未变，至今熠熠生辉。

第二章

华夏根魂

红山文化玉龙：

中国人的龙崇拜

蔡磨鸣

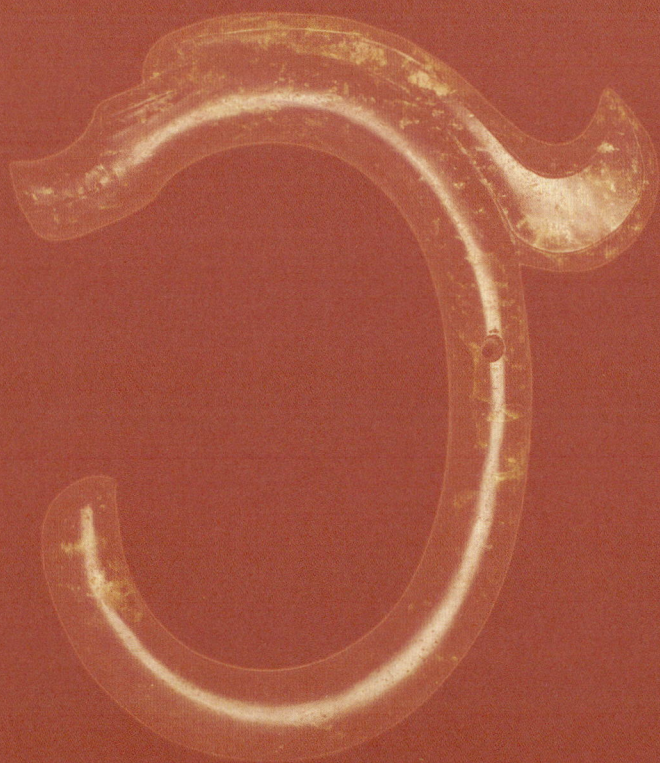

名称：红山文化玉龙
时代：新石器时代
尺寸：高 26 厘米

龙意象在中华先民的观念中扎根，承载了中华民族璀璨的文化，龙崇拜、龙文化成为中华文明起源的重要标志。

红山文化是我国东北地区西辽河流域著名的新石器时代考古学文化，是中华文明的重要源头之一，主要分布在今天的内蒙古、辽宁和河北等地区。红山文化的先民在距今五六千年前就已经将玉器置于神圣的地位，用它来沟通天、地、神灵，形成红山文化中奇特神秘的玉文化，成为探寻中华文明起源的一个重要载体。而红山文化代表性玉器——"红山文化玉龙"的发现，更是开启了人们的龙文化探索之路。

⊙ 红山文化玉龙，"以玉为器"的精神信仰

1971年，在内蒙古自治区赤峰市翁牛特旗三星他拉村（今赛沁塔拉村），村民张凤祥在劳作时发现了一件坚硬的"铁钩"。后来因为"铁钩"上面的土被磨掉许多，露出一部分本来面目，晶莹富有光泽，像是玉石，于是张凤祥就把这件玉器捐赠给翁牛特旗文化馆，由文化馆收藏。

1984年，位于辽宁省朝阳市的红山文化牛河梁遗址获得重大考古发现。考古工作者在发掘一座古墓时，发现墓主人胸前摆放着两件精美的玉器。经过鉴定，认为它们是红山文化时期的玉猪龙，距今约5000年。这个消息迅速在考古文博界传播开来，引起翁牛特旗文化馆负责人贾鸿恩对13年前征集到的那件玉器的关注。贾鸿恩立即带着玉器，专门坐火车到北京，找到考古学家苏秉琦。后经苏秉琦多方考证，得出结论：这是一件5000年前的红山文化玉龙。

此件玉龙通高26厘米，周身光洁，头部长吻修目、鬣鬃飞扬，躯体卷曲若钩。玉器造型生动、雕琢精美，世所罕见，是新石器时代红山文化的代

内蒙古赛沁塔拉出土的新石器时代红山文化玉龙（中国国家博物馆藏）

表性器物。玉龙集鹿眼、蛇身、猪鼻、马鬃四种动物元素于一体。玉龙背部有一单孔，用绳穿过单孔，将其悬挂起来，首尾正好处于同一水平线，可见孔的位置是精心设计的。

玉龙以一整块玉料圆雕而成，形体酷似甲骨文中的"龙"字。细部还运用浮雕、浅浮雕等手法，通体琢磨，圆润流利。在古代只有简单工具的条件下，这件玉龙能有如此精巧的设计和工艺，实属难能可贵，表现出中国古代北方玉器圆雕工艺较高的水平。从玉龙器形来看，其体形硕大，显然不是作为人的随身饰品使用的，专家推测，其是作为图腾象征或用于祭祀的礼器。

目前已发掘出土和采集到的红山文化玉龙十几件，主要分布在内蒙古东南部、辽宁西部和河北北部。根据动物造型，可将红山文化玉龙分为三个类型，即兽首龙、猪首龙和鸟首龙。无论哪种类型的玉龙，都无角、无背脊、无鳞、无肢、无足、无爪，与夏商周时期的龙相比，还比较原始，处于中华民族龙之形象的形成阶段。

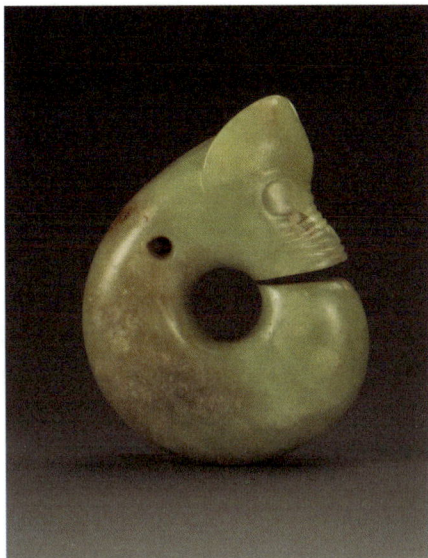

辽宁牛河梁遗址出土的红山文化玉猪龙（辽宁省文物考古研究院藏）

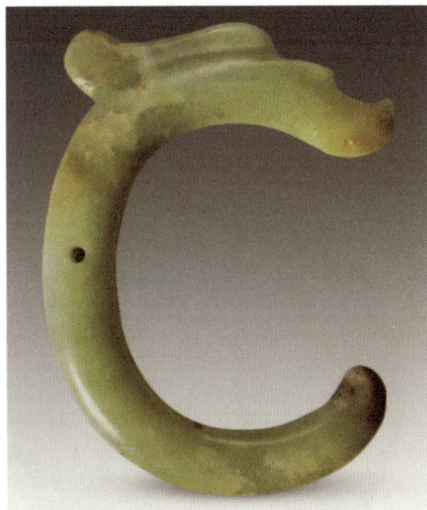

内蒙古东拐棒沟遗址出土的红山文化玉龙（翁牛特旗博物馆藏）

⊙ 龙文化的发展与传播

　　中国人对龙的崇拜渊源久远，关于其起源说主要有三种。一种是动物学说，认为龙的形象来源于熊、蛇、马、猪、鳄鱼等动物元素。龙本身就是中国古代神话中的动物，《礼记·礼运》云："麟、凤、龟、龙，谓之四灵。"龙为"百鳞之长"。

　　一种认为龙的形象源自黄帝的"合符釜山"。黄帝在经过阪泉、涿鹿两次大捷后，势力大增，声威远播四方。据《史记·五帝本纪》载，黄帝作为盟主，"北逐荤粥，合符釜山，而邑于涿鹿之阿"，整个部落联盟出现了"兵祸息""万国和"的局面。"合符釜山"不仅统一了各部军令的符信，确立了政治上的结盟，还从原来各部落的图腾上各取一部分元素组合起来，创造了新的动物形象——龙。因此龙是一个多元融合的产物，是融汇统一的象征，是和合团结的象征。

河南偃师二里头遗址出土的绿松石铜牌饰（中国考古博物馆藏）

山西陶寺遗址出土的彩绘龙纹陶盘
（中国考古博物馆藏）

　　还有一种说法，认为龙的形象与伏羲有关。《补史记·三皇本纪》中记载，伏羲"蛇首人身，有圣德"。《拾遗记》描述伏羲出生时的样貌，就是后世传说中龙的形象。也就是说，伏羲与龙有紧密关系，中华民族对伏羲的崇尚就包含了对龙的崇拜。

　　从考古发现来看，新石器时代是龙崇拜现象形成、发展的重要时期。20 世纪 80 年代，考古人员在距今约 8000 年的辽宁阜新兴隆洼文化查海遗址中，发现了一条长约 19.7 米、用红褐色石块堆砌摆放的龙，这是目前发现的最早的成熟龙形象。此外，河南濮阳西水坡遗址发掘出 3 组用蚌壳堆塑的龙；山西襄汾陶寺遗址出土的陶盘上的龙纹逐步成熟化与格制化；河南洛阳二里头遗址发现多件嵌绿松石铜牌饰，上面的图案也似龙纹，等等。从各地出土的各种龙形象器物看，龙崇拜、龙文化与中国传统文化相伴相生，成为中华文明起源的重要标志。

1. 清乾隆帝弘历像
2. 北京北海清代九龙壁局部
3. 辽代鎏金双龙纹银冠（辽宁省博物馆藏）

在中国传统文化中，龙的形象与含义经过很长时间的演变，成为正义、高贵、尊荣的象征。在《三辅黄图》中，"苍龙、白虎、朱雀、玄武"被视为"天之四灵"，用来"正四方"，苍龙作为东方的代表，被称为"东宫青龙"。在中国古代，龙是皇权的象征，皇帝以真龙天子自居，君主的相貌被叫作"龙颜"，穿的衣服被称作"龙袍"。

不过，龙的形象并没有被帝王垄断，也为民间所喜闻乐见。龙王在中国民间神话里是统领水族的王，负责行云布雨、消灾祈福，成为民间信仰中的重要角色，也是祥瑞的象征。对于以农业为本的古代中国来说，灌溉和治水是生产生活的重要内容。故而，在中国南、北方，龙王庙与城隍庙、土地庙一样随处可见，祭龙祈雨的仪式是官方和民间重要的活动。此外，舞龙灯、赛龙舟至今仍然是我国重要的民俗活动，也是中国文化遗产的重要组成部分。

龙意象在中华先民的观念中扎根，为多民族所推崇，渗透到中国古代的宗教、哲学、政治、经济、文学、艺术、社会和民俗等各个领域，表现出强大的生命力，承载了中华民族璀璨的文化。

龙是中华民族的象征之一，是中华民族奋发开拓、自强不息的精神象征。飞龙在天、龙腾虎跃、生龙活虎等成语形象地描述了龙的精神和活力。在当今社会，中华儿女也正在积极汲取龙文化的精神力量，为国家和民族的强盛奋斗不息。

玉兔东升：
中国人精神世界里的兔子

罗蓁蓁

名称：白玉双兔耳杯

时代：明

尺寸：高8.8厘米，口径5.3厘米

月中玉兔，是古人观察月中阴影想象出来的月宫灵物。千百年后，这只兔子见证了中华民族探月逐梦、扬帆星河的伟大征程。

兔子在十二生肖中排行第四。据东汉王充《论衡》记载，十二生肖是按照动物的生活习性和活动时辰确定的。清晨的 5 点至 7 点属卯时，天刚亮，兔子便出去吃带有晨露的青草，故称"卯兔"。翻开历史的画卷，可以看到中国人的精神世界里，始终有一只兔子陪伴左右。

⊙ 小兔子和大将军：国与家，在心间

妇好是 3000 多年前商王武丁的王后，也是一位战功赫赫的将军。她多次征战沙场，为商王朝开疆拓土，立下汗马功劳。在这样一位巾帼将军的墓中，出土了 755 件精美玉器，其中有 3 件兔形玉佩。玉佩均采用浮雕工艺，小巧轻便，便于随身佩戴。玉雕者着重用双道阴线刻划出兔子又大又圆的眼睛。还有长长的耳朵，俏皮的短尾，或奔跑或觅食的灵动姿态，都与妇好庄严威武的形

象形成强烈反差。小兔子
何以得到大将军的青睐？

《孙子兵法》中总结
了"始如处女，敌人开户，
后如脱兔，敌不及拒"的
战术，成语"静若处子，
动若脱兔"即来源于此。
意思是说，战争开始前要
像未出嫁的女子那样沉静
柔弱，诱使敌人放松戒备；

河南安阳殷墟妇好墓出土的商代兔形玉佩
（河南博物院藏）

一旦战斗开始，则要像脱逃的兔子一样行动迅速，使敌人措手不及，无从抵抗。
兵贵神速，身经百战的妇好，一定也注意到兔子的这个技能。像兔子一样出
师敏捷，大概是她取得胜利的重要因素，兔形玉佩就仿佛是护佑商王朝安宁
的平安符。

兔子还具备超强的生育能力，这对于承担着繁衍王室后代使命的妇好而
言，又有着特殊的意义。与一般哺乳动物不同，兔子拥有两个子宫，可在怀
孕期重复受孕，孕育年龄不同的幼崽。一年多胎，每年可产幼崽数十只，这
让古人对其产生了生殖崇拜。《尔雅·释兽》解释"娩"字为"兔子曰娩"。
兔子谐音"吐子"。将军妇好，也是一位母亲。商王武丁对妇好的生育情况
倍加关注。在安阳殷墟出土的甲骨卜辞中，留存了多条武丁占卜妇好生育的
记录：

"妇好有受生？"——妇好怀孕了吗？"妇好娩嘉？"——妇好能够顺
利分娩吗？

还有的甲骨卜辞记录了武丁占卜妇好的预产期，以及生男生女等内容。

在此等关心和压力下，妇好希望多子多福和渴望顺产的愿望便借助兔子
的形象悄悄地表达出来了。

国安家和子孙昌。一枚小小的兔形玉佩承载了妇好的两种身份：将军与
母亲。无论何时，国与家，都一并放心间。

⊙ 兢兢业业"捣药兔"：抱杵捣药，降福人间

月中玉兔，是我国悠久的神话故事，也是古人根据月中阴影观察想象出来的月宫灵物。另相传月亮有兔，浑身洁白如玉，故称"玉兔"。"玉兔捣药"的神话版本有很多，最早见于《汉乐府·董逃行》："玉兔长跪捣药虾蟆丸……服此药可得神仙。"在相当长的一段时间里，兔子留给人们的都是兢兢业业忙捣药的形象，与此有关的诗句更是不胜枚举。晋代傅玄《拟天问》中有"月中何有，白兔捣药，兴福降祉"句，宋欧阳修《白兔》中有"天冥冥，云蒙蒙，白兔捣药姮娥宫"句。

唐代流行月宫镜。中国国家博物馆藏"大吉"嫦娥月宫纹菱式铜镜中，一圈弦纹将镜背分为内外两区，内区为月宫场景，中间为龟形镜纽。镜纽左下方，一只竖着耳朵颇为乖巧的玉兔正在捣药；右下方，一只憨厚的蟾蜍正

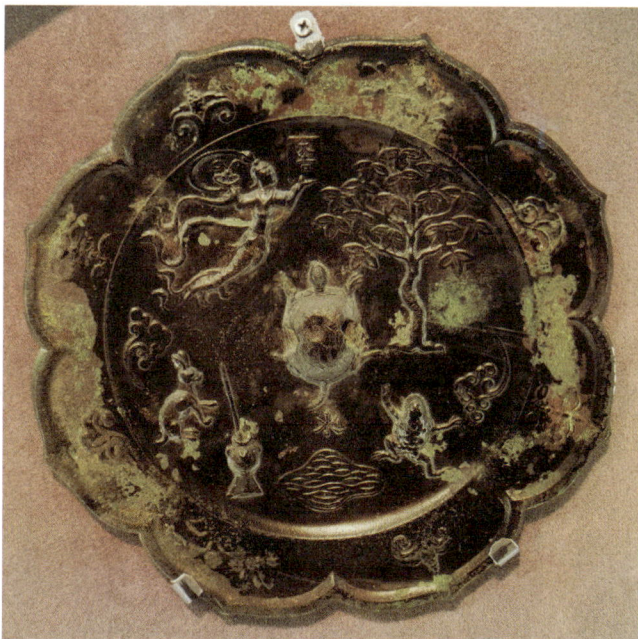

唐代"大吉"嫦娥月宫纹菱式铜镜
（中国国家博物馆藏）

在奋力跳跃；左上方，嫦娥仙子衣带飘飘，腾空而舞，一手托果盘，一手举着"大吉"铭牌；右上方是一棵枝叶繁茂的桂树；正下方有一潭池水，其上有"水"字。间隙饰以流云纹，云气缭绕，似真似幻。"我歌月徘徊，我舞影零乱"，整幅画面像笼罩在月亮的清辉中，浪漫而飘逸。手捧此镜，开匣见明月，持照如嫦娥。

"寰宇问天，探月逐梦""玉兔巡月，扬帆星河"。千百年后，铜镜上的小兔子，成为中国探月航天形象太空兔，见证着中华民族探月梦想的实现。

⊙ 防伪打假，认准刘家白兔儿

宋代，一只不辞辛劳的小兔子，在一家针铺当起了代言人。这是目前所知世界上最早的商标图案和商标广告。在中国国家博物馆藏的"济南刘家功夫针铺"广告青铜版的中间，刻着一幅"白兔捣药图"。顶部高悬店铺字号"济南刘家功夫针铺"。捣药图的两侧，注明"认门前白兔儿为记"的字样。

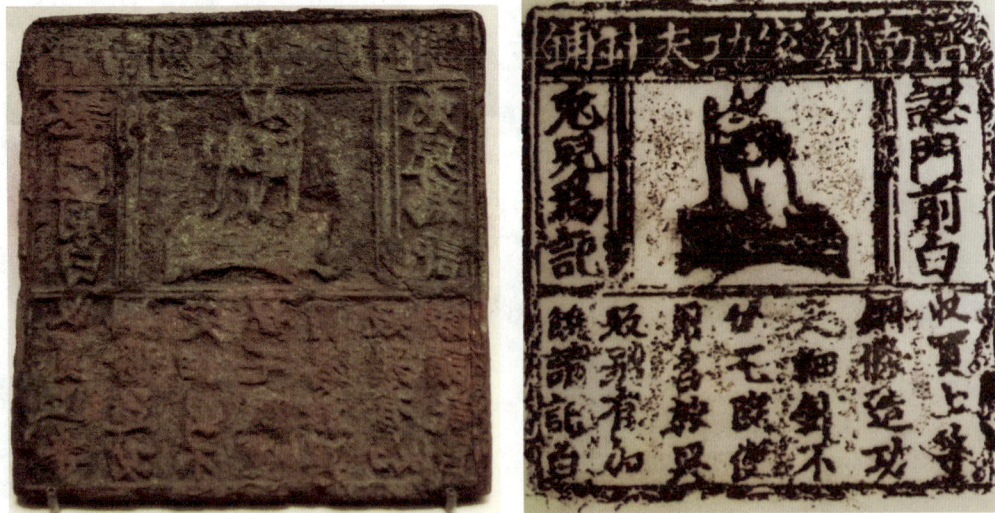

宋代"济南刘家功夫针铺"广告青铜版及拓片
（中国国家博物馆藏）

宋代商品经济空前活跃，城市内各类商店和手工业作坊遍布大街小巷，同行竞争激烈。如何让自家的产品脱颖而出？聪明的老板创制了代表自家店铺的商标——一只捣药的小白兔，并告知顾客要认准门前的白兔标记，谨防假冒。图中白兔手拿铁杵，取"只要功夫深，铁杵磨成针"之意，来展现刘家功夫针的高超质量。商标下面是广告词，宣传本店的经营范围、质量保证和售卖方法。

⊙ 瑞兔呈祥，千姿百态的兔子们

《抱朴子》称："虎及鹿兔，皆寿千岁，寿满五百岁者，其毛色白。"在没有大规模引进外国品种之前，纯色兔子极少，白兔更加稀有。在民间，人们常常看到的是毛色灰黄相间的野兔。唐蒋防《白兔赋》形容白兔："皎如霜辉，温如玉粹。其容炳真，其性怀仁。"白兔曾作为祥瑞之物，供奉皇帝。玉雕题材中，抛开捣药的实用主义，象征祥瑞的兔形玉雕很多。

李静训是隋代一名9岁的小女孩，其家世显赫，祖父李崇，隋初官为上柱国、幽州总管；父亲李敏，官至左光禄大夫。外祖母是北周皇太后杨丽华；母亲宇文娥英是北周宣帝的女儿。在她的墓中出土了一枚小兔子玉佩，采用上好和田羊脂白玉雕成，一方面凸显墓主人的尊贵身份，另一方面，爱护她的亲人们希望在冰冷的地下，白兔的祥瑞能庇佑、陪伴、安抚这个小女孩。

陕西西安隋代李静训墓出土的玉兔佩
（中国国家博物馆藏）

元明时期，象征祥瑞的兔形玉雕雕刻难度升级，采用透雕、浮雕、圆雕等手法相结合的兔纹玉雕大量出现。元代青玉雕兔嵌件中回首望月的玉兔采用镂空透雕的方法，画面层次清晰。正面雕琢柞树和灵芝花纹，树下一只兔子神态安详，毫毛毕现。树后以山石为背景，营造出清新质朴的氛围。元代双兔饰件（3件）采用透雕、浮雕、阴刻、圆雕多种手法，表现两只兔子一前一后嬉戏追逐，应为同一条玉带上的三件饰物。

元代青玉雕兔嵌件（中国国家博物馆藏）　　元代双兔饰件（中国国家博物馆藏）

黄金有价玉无价。自明代起，玉带作为一种腰带的形制，被皇帝、藩王与建立功勋受封的公、侯、伯、驸马及夫人使用。明代中期，镂雕玉带板大为流行，往往采用镂雕工艺，雕刻出"卍""寿"、灵芝和玉兔等纹饰，取意"万寿吉祥"。明代雕玉名家辈出。其中，白玉双兔耳杯由一整块玉雕琢而成，当为玉雕大师杰作。其正面、背面皆饰有四爪龙纹，左右两侧各有一只耷拉着耳朵、长着毛球状短尾巴的小兔子衔住杯口，萌态顿生。

明代白玉双兔耳杯（中国国家博物馆藏）

⊙ 天道酬勤兔儿爷

据《燕京岁时记》记载："每届中秋，市人之巧者用黄土抟成蟾兔之像以出售，谓之兔儿爷。"月宫中那只勤劳善良的小兔子，日复一日地捣药，为天下百姓治病祛灾，最终成为受人崇拜的兔儿爷。人们据此塑造了多姿多彩的兔儿爷形象。

五湖四海人，天南地北情。小小的兔子虽静默无言，却又无时无刻不在陪伴着中国人的每个重要时刻。愿玉兔东升时，千家同喜，万户皆福，花好月圆人团圆。

兔儿爷

昭君镜：

映照一脉相承的『中国』故事

篯淮南

名称：昭君镜
时代：东汉
尺寸：直径 21.5 厘米，缘厚 1.2 厘米

中国的核心文化基因是『中』，天下之中生成了『中国』的概念，『中国』二字一直传承着中国人的共同价值。

汉元帝竟宁元年（公元前 33），王昭君和亲匈奴。此后数十年间，汉朝与匈奴免于边境争端，昭君出塞的故事也成为中国文学史上一个长盛不衰的题材，由此演绎出丰富的文学影视作品。2020 年，从盗掘者手中追回的一面东汉铜镜引起国内学界和收藏界的关注，这面铜镜上不仅刻有"中国"与"匈奴"的铭文，还是目前所知最早记载昭君出塞故事的文物。

这面铜镜首次亮相是在 2021 年 4 月清华大学艺术博物馆"万物毕照：中国古代铜镜文化与艺术"大展上，专家们将之定名为"昭君镜"。除了记录昭君出塞推动民族融合的故事，昭君镜还映射了一个怎样的时代，讲述了一个怎样的"中国"故事？

⊙ 昭君镜照昭君出塞

昭君镜制作于东汉，直径 21.5 厘米、缘厚 1.2 厘米、重 1434 克。镜背中心为扁球形纽，纽座为 13 枚乳钉环绕，间以铭文的 12 个字"仲作，宜侯王，复（服）此竟（镜）者大富昌"为制作者名称及吉语。镜内区中部有 4 枚乳钉，将图像分割为 4 组扇形区域，每一区域均布置人物车马画像，并具榜题，铭文分别为王诸君、大皇后、胡王车、胡主簿。铜镜外区刻有长铭，形式为七言诗，共 70 字，内容为："孟春正月更元年，胡王陛见赐贵人。后宫列女王昭君，隐匿不见坐家贫。待诏未见有（又）失神，长迫受诏应众先。倍（背）去中国事胡人，汉召单于匈奴臣。名王归义四夷民，兵革不用中国安。"铭文中所记载的历史背景与《汉书·元帝纪》《汉书·匈奴传》中"乎韩邪单于来朝""改元为竟宁""王墙字昭君赐单于"等事实吻合。

⊙ "中国"早已深入人心

昭君镜铭文两次写到"中国"：一是王昭君"倍（背）去中国事胡人"，二是"兵革不用中国安"。昭君镜不仅是已知存世最早的一件记录昭君出塞故事的文物，还是一件明确将中原王朝与匈奴相对，自称"中国"的珍贵实物证据。和亲政策的本质是促进民族间的友好关系和经济文化交流，巩固天下一统，强盛中国。昭君镜的发现，让我们能更深刻地理解中华民族发展史上"中国"这一概念形成的历史和文化渊源。

东汉昭君镜（图片摄于清华大学艺术博物馆）

明代仇英《明妃（昭君）出塞图》
（故宫博物院藏）

人类历史上曾有过古罗马与秦汉文明交相辉映的黄金时代。但是，走过5000多年历史长河，唯有中华文明延传于世，这与"中国"诞生的历史根基及其悠久的文化传承分不开。考古学家刘庆柱认为，中国的核心文化基因是"中"，"中"是东南西北的汇聚，"中"就是根。天下之中生成了"中国"这个概念。商武丁（公元前1250～前1192）时期，"中"字的写法是有一竖杆，上下各有两条旗帜飘动，方口为立中之处，其字形为氏族的一种徽帜，表意"中心"。到了商武乙、文丁（公元前1147～前1102）时期，内容涉及战争的甲骨上出现了"國"字——戈为兵器，口为土地，表示以武力保护土地。

经考证，"中国"两字明显传承自殷墟的甲骨文体"中"和"国"。西周早期青铜器何尊上的"宅兹中国"铭文，是目前文物上发现较早的"中国"二字。此后，汉字"中国"一直传承着中国人的共同价值观。从文化史上看，至少从3000多年前开始，"中国"二字就被赋予"求中、择中"的价值传统。比如，夏商周三代都城以

内蒙古包头召湾出土的西汉"单于和亲"瓦当
（内蒙古博物院藏）

中岳嵩山地区为"天地之中"，随着国家空间范围扩大，以嵩山为中心的"大中原"范围扩及鲁西南、关中东部、晋南及河南大部。唐宋之前的各个"大一统"王朝都城基本在长安与开封之间的东西轴线上。

⊙ 史书里的"中国"

较早使用"中国"一词的文学作品是《诗经·大雅·民劳》："……惠此中国，以绥四方……惠此京师，经绥四国。"这句诗是规劝暴君周厉王，让他先爱护京都人民，然后再以此安定天下。

至春秋战国，"中国"的含义已扩展到包括各大小诸侯国在内的黄河中下游地区。"中国"也泛指诸夏或华夏族居住的地区或建立的国家。如《孟子》中，齐王对臣下时子说："我欲中国而授孟子室。"汉代开始，人们常把中原王朝称为"中国"，少数民族建立的中原王朝也自称"中国"。《史记·孝武本纪》记载："天下名山八，而三在蛮夷，五在中国。"《史记·东越列传》记载："东瓯请举国徙中国。"有意思的是，南北朝时期，南朝自称"中国"，把北朝叫作"魏虏"；北朝也自称"中国"，把南朝叫作"岛夷"。辽与北宋，金与南宋，彼此都自称"中国"。

⊙ 昭君镜映照的时代价值

昭君镜映照着一个天下一统的时代。汉武帝就明确将"中国"与大一统相联系。《汉书·武帝纪》记载，西汉元朔六年（公元前123）六月，汉武帝诏曰："今中国一统而北边未安，朕甚悼之。""中国"一词在历史上虽被广泛使用，但历代中原王朝从未用"中国"作为国号或朝代名称。只有一个特例，那就是1095年，地处西南的大理国高升泰当政后，改国号为"大中国"，其制度、文字等都继承了汉文化。

纵观历史，3000 多年来，"中国"二字一直传承着中华民族的共同价值。时间维度上看，中华 5000 多年文明史，不同朝代缔造了大一统国家格局，使我们有了共同的历史。从地缘维度上看，"中国"已从中原的"中国"发展为中国的"中国"，使我们有了共同的家园。从内容维度上看，中国人对物质文化和精神文化的追求是一以贯之的，其本质就是对美好生活的向往，使我们有了共同的追求。

例如，经世济民一直是中国独有的传统，也是中华文明独有的文化基因。《尚书》记载了尧舜时代管理农业和手工业的官职，以及他们的主要任务，并提出为政之"善政、养民、正德、利用、厚生、惟和"等主张。此外，还有墨子的"民以食为天"，荀子的"田野县鄙者，财之本也"，商鞅强调的"圣人知治国之要，故令民归心于农"，贾谊的"以末予民，民大贫；以本予民，民大富"等理念，以及历史文献记载的商朝武丁盛世，西周成康之治，汉朝文景之治、武帝盛世、昭宣中兴、光武中兴、明章之治，南北朝元嘉之治，唐朝贞观之治、开元盛世，宋朝嘉祐之治，明朝永宣盛世，清朝康乾盛世等时期的重大历史事件，无不反映出执政者担当了经世济民的角色。

习近平总书记在文化传承发展座谈会上强调，中华文明具有突出的统一性，从根本上决定了中华民族各民族文化融为一体、即使遭遇重大挫折也牢固凝聚，决定了国土不可分、国家不可乱、民族不可散、文明不可断的共同信念，决定了国家统一永远是中国核心利益的核心，决定了一个坚强统一的国家是各族人民的命运所系。在每个重大历史时刻，每个人，包括弱女子"王昭君"们，都在担当着"中国"二字赋予的使命，为家、为国、为今天、为未来——这也是昭君镜带给我们的启迪。

《资治通鉴》存世手稿：映照千年中华文脉

杨超

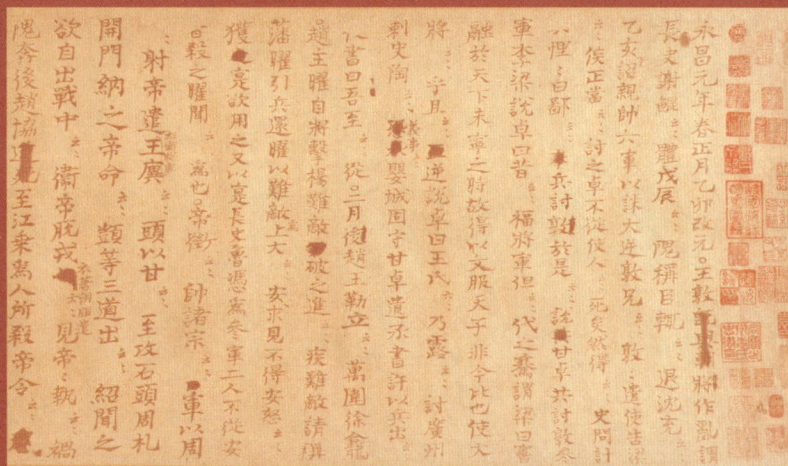

名称：《资治通鉴》手稿

时代：北宋

尺寸：横 130 厘米，纵 33.8 厘米

永昌元年是历史的一张切片。在司马光的笔下，一份《资治通鉴》手稿描述了一个特殊时代的历史图景。

在中国国家图书馆，藏有一份被誉为"镇馆之宝"的文物——北宋司马光《资治通鉴》现存唯一一张手迹原本，洵为珍贵。这份司马光亲笔书写的草稿虽然只有29行、465个字，却记载了东晋永昌元年（322）一整年的史事。手稿呈现了东晋初年政权割据的历史图景，背后则是中华民族对于天下一统的不倦追求。

⊙ "硕果仅存"，呈现东晋初年历史图景

《资治通鉴》是我国第一部编年体通史，由司马光主持编撰，"历十九年始成"，全书294卷、300多万字，具有极高的文献与史料价值。这部鸿篇巨制自问世以来，历代帝王将相、鸿儒骚客莫不争相传阅。

史载，《资治通鉴》成书前的草稿可谓汗牛充栋。南宋高似孙在《纬略》中记载了司马光的《与宋敏求书》，信中称"到洛八年，始了晋、宋、梁、齐、陈、隋六代。唐文字尤多，依年月编次为草卷，以四丈为一卷，计不减六七百卷"。南宋史学家李焘《巽岩集》亦称张新甫见洛阳有《资治通鉴》草稿"盈两屋"。可惜的是，"靖康之难"导致宋王室储藏的大量图书、仪仗、冠服、礼器、珍宝等物品损坏和佚失。《宋史·艺文志》载："迨夫靖康之难，

北宋司马光《资治通鉴》手稿局部（中国国家图书馆藏）

而宣和、馆阁之储，荡然靡遗。"遭此劫难，曾经"盈两屋"的《资治通鉴》手稿也近乎无存。历尽沧桑，唯有其一"硕果仅存"，即现藏于中国国家图书馆的这份珍贵手稿。

《资治通鉴》手稿横 130 厘米，纵 33.8 厘米。每段史事写开端数字至十数字不等，以下接"云云"二字，证明此为一份提纲性质的草稿。虽然只是一份草稿，涂改处也颇多，但字字端正，毫不马虎。

元代著名画家、儒士朱德润作跋称："此稿标题晋永昌元年事。是年王敦还镇，元帝崩，此江左立国之一变也，故公不得不手书之……"朱氏认为此稿是司马光亲笔，而非当时参与撰写《资治通鉴》的刘攽、刘恕、范祖禹等协修人员所写。

朱德润所记"此江左立国之一变也"即王敦之乱，又称王敦之叛，是东晋初年发生的一场动乱。最终王敦以失败告终，王敦亦在战事期间病逝。《资治通鉴·卷九十二》载，永昌元年春正月，"郭璞复上疏，请因皇孙生，下赦令，帝从之。……王敦以璞为记室参军。璞善卜筮，知敦必为乱，己预其祸，甚忧之。……"《资治通鉴》手稿记述的正是东晋永昌元年王敦作乱的历史，这份手稿文字极其精炼，篇幅不足成书的十分之一，距离成书尚有一段时间。

永昌元年是历史的一张切片。在司马光的笔下，一份《资治通鉴》手稿描述了一个特殊时代的历史图景。

⊙ "幅纸三绝"，119 方钤印背后的千年追崇

颇有意思的是，司马光存世的这份手稿，最后一段竟然写在好友、北宋大臣范纯仁写给司马光和哥哥司马旦的信札空白处。可以清楚地看到，在稿本末尾，有四行字被墨笔涂抹，这四行字便是范纯仁信札的内容。手稿的卷尾还有惊喜。在这里，司马光手书了一封"谢人惠物状"，即收礼后回复答谢的一种文书。宋太宗八世孙赵汝述在此稿后作跋称："温公起《通鉴》，

司马光像

草于范忠宣公尺牍，其末又'谢人惠物状'草也。幅纸之间三绝具焉，诚可宝哉。"一纸之间，集中了司马光手稿、范纯仁书札、司马光"谢人惠物状"，堪称"幅纸三绝"，至为难得。正因为"幅纸三绝"的宝贵，历代藏家盖在这份手卷上的藏印达119方，其中乾隆、嘉庆、宣统三位清代皇帝的钤印也揭示了手稿曾入藏清代内府的收藏遗迹。千年追崇的背后，是中华民族对优秀历史文化深沉的爱。

自南宋始，此手稿进入公私收藏视野。稿卷曾入藏南宋内府：南宋大臣任希夷在稿上留跋称，观此稿于"玉堂夜直"。玉堂，即皇宫；夜直，指夜里在禁林值班。《宋史》载，"高宗移跸临安（今浙江杭州），乃建秘书省于国史院之右，搜记遗阙，屡优献书之赏，于是四方之藏，稍稍复出，而馆阁编辑，日益以富矣"，"至宁宗时续书目，又得一万四千九百四十三卷"。"靖康之难"后，南宋政府多方搜集，重新形成数万卷的国家藏书。可见，司马光的诸多《通鉴》手稿

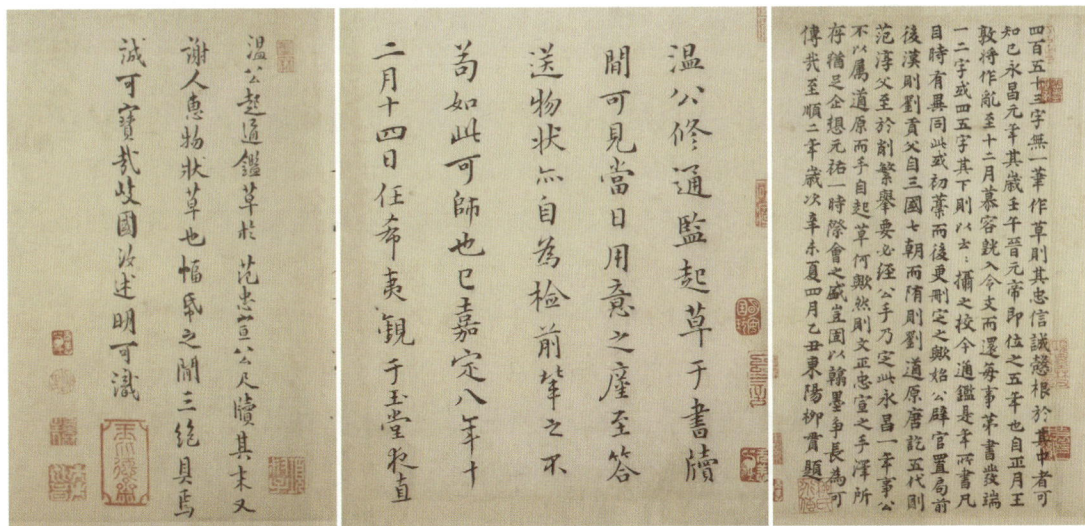

《资治通鉴》手稿后的跋（中国国家图书馆藏），从左至右依次为
赵汝述跋、任希夷跋、柳贯跋

或于战乱中遗失，仅此残卷保留下来，入藏南宋内府。南宋葛洪、程珌、赵崇龢三人通观此稿，并合跋。此三人均为南宋大臣，同观《资治通鉴》手稿，或表明终南宋之世，此卷都还在临安宫中，为皇家之物。

元初，此稿流入民间。元代教育家柳贯于此稿有跋，并在其《待制集》中著录了该跋文，但内容比稿后跋文多出一句"余姚徐氏藏司马文正公即范忠宣手帖修通鉴稿一纸"。由此可知，元至顺（1330～1333）年间，此稿藏于余姚（今浙江宁波）徐氏处。与柳贯齐名的黄溍于至正元年（1341）书跋于稿卷后，黄溍与余姚徐氏有亲缘关系，此时黄溍也正在江浙任职，故该稿当时应仍在宁波一带。后又有元人宇文公谅、郑元祐等作跋或题诗。

从明代开始，收藏者皆只钤印、不作跋。据稿上印鉴，明初，此稿由袁珙、袁忠彻父子递藏。后被嘉兴鉴藏家王济收藏。明嘉靖（1522～1566）年间，稿卷收于无锡大收藏家安国之手。安国之后，此稿被明代著名鉴藏家项子京收藏，项氏在该稿卷上钤了近70方印记，其珍爱程度不言而喻。

明清交替，此稿卷进入清初著名藏书家梁清标秘箧。清乾隆（1736～1795）年间，稿卷被征入清廷内府，藏于御书房。乾隆帝御题签"司马光通鉴稿内府鉴定真迹"，钤"乾隆宸翰"一玺。清代的《石渠宝笈》卷二十九对稿卷有著录并将其评为"上等，辰一"，钤有"石渠宝笈"藏印。此稿卷后一直为清代历代皇帝鉴赏。

清末，《资治通鉴》手稿随溥仪出宫。伪满洲国建立后，溥仪将此稿卷存放于伪满皇宫东院的缉熙楼同德殿内保存。1945年8月15日，日本投降，溥仪仓皇出逃，伪宫失守，典籍书画遭劫，此稿卷辗转落入富商谭敬手中，后从香港卖出，归入中国国家图书馆。

《资治通鉴》手稿具有多维度的重要价值：作为一份出自著名史学家、文学家司马光之手，流传千年的北宋书稿，其文物价值和历史价值显而易见；作为一份历史名人的墨迹，手稿有着珍贵的书法艺术价值。而与手稿紧密相关的《资治通鉴》，更是中华民族"镜鉴"历史的有力见证和生动阐释。手稿历经千年沧桑、流传有绪，见证了家国遭受的苦难和中华民族重归兴盛，更见证了中华文脉流传千年，薪火赓续、生生不息。

第三章

华彩丝路

金樽美酒：

胡傅温酒樽上的民族交融华章

武闻达

名称：胡傅温酒樽

时代：西汉

尺寸：通高 24.5 厘米，口径 23.4 厘米

在这片古老的铜胎上，每一处纹饰都如同一座桥梁，连接着不同文化，让我们得以窥见那个时代文化艺术交融的瑰丽景象。

在山西博物院的"民族熔炉"展厅内，一对光彩夺目，名为胡傅温酒樽的圆柱形鎏金铜樽备受瞩目。铜樽器身遍布精美的图案，既有草原山林中的虎豹熊罴、骆驼羚羊，也不乏中原文化中的九尾狐、羽人、仙兔等神话生物。到底是什么原因使得中原元素与草原风情同时出现在这件铜樽上？

⊙ 右玉县"重生"的"双生子"

　　1962 年 9 月，山西省右玉县大川村生产队的党支部书记和村中儿童在村子南部佛殿坪的山沟中，发现了一批极为精美的铜器，随后这批铜器被运回山西省文物工作委员会。在这批铜器中，最特别的就是这一对如同孪生兄弟的温酒樽。温酒樽的口沿和器盖下的子唇外沿均刻有汉隶铭文"中陵胡傅温酒樽，重廿四斤，河平三年造"，另一件多刻一个"二"字。

根据温酒樽上的"河平三年"铭文可知，它们是在西汉河平三年（公元前26）被铸造而成的。"河平"是汉成帝刘骜的第二个年号，其在位时间为公元前33年至公元前7年，见证了西汉中期的繁荣与变迁。这对温酒樽不仅是汉朝工艺美术的杰出代表，也是那个时代静默的见证者。铭文中的"中陵"是地名，属于并州刺史部雁门郡，位于今山西省右玉县南部。而温酒樽出土的地点正是在右玉县大川村，在汉代属于中陵县，铭文所记载的地名与出土地点相吻合。

　　西汉时期，雁门郡地处汉朝的北方边陲，与匈奴相连。为使边塞和谐稳定，西汉王朝采用了诸多有效的民族政策，为日后中原王朝的民族政策奠定了制度基础，其中最为突出的是和亲政策和纳质制度。汉成帝时期，匈奴复株累若鞮单于继承其父呼韩邪单于之位，仍娶王昭君，并遣子入侍汉朝为质。

　　和亲的同时，汉朝向匈奴提供物资，并且开放边境市场。如《汉书·匈奴传》记载："明年，单于上书愿朝。河平四年正月，遂入朝，加赐锦绣缯帛二万匹，絮二万斤，它如竟宁时。"在两汉时期，面对边疆少数民族，特别是内附群体，朝廷采取了一系列优待政策，加强了汉族与少数民族之间的融合，实现了国家的长期安定。这些政策不仅体现了两汉对内附胡人的宽容和包容，也展现了古代中国在处理民族关系上的智慧和策略。《汉书·成帝纪》记载："四年春正月，匈奴单于来朝。……二月，单于罢归国。"而铸造胡傅温酒樽的"河平三年"，正是匈奴和西汉王朝和平相处的年代，其制造的地点，同样也是游牧文化和农耕文化交汇融合之地。

右玉地区自古便是中原农耕与北方游牧文化汇流之处，是中国古代文化融合的重要舞台。作为辽西、中原与河套三大文化区的汇聚点，其影响力远远超出了地理范围，推动了中国历史的进程。

山西右玉大川村出土的西汉胡傅温酒樽及局部
（山西博物院藏）

⊙ 华美纹饰呈现的文化交融

　　酒樽的历史可追溯至战国时期。汉代，酒樽的使用更为盛行，其用途也更为广泛，不仅用于盛装酒水，还可用来温酒或保持酒香。

　　胡傅温酒樽通体鎏金，少部分鎏金磨损，露出底部的铜胎，仔细观察可以看到器身上的磨损划痕。器身通高24.5厘米，口径23.4厘米，壁厚0.4厘米。下为三熊足，腹部两侧有对称的铺首衔环。三熊足作蹲踞状，两爪置于膝部。铺首衔环为兽面纹，头戴三山冠。

　　器身上的图像以圆润有力的浮雕刻模法铸成。器盖上有两圈环带，一条是器盖的边缘，另一条在器盖中部，将器盖纹饰分为内外两个区域。内区器盖中央为柿蒂纹，顶部有一提环，柿蒂纹外对称有两虎和两短尾兽（或为罴，熊的一种）。虎身上雕刻有条纹，短尾兽做回首状，身上刻有拟毛发的点痕。外区有三个凤形纽，呈120°角平均分布，将外区均匀分为三个区域，纽之间各有一条龙，采用浅浮雕加阴线刻的手法表现。龙躯中间一小段没于水下，并刻画了水的波纹，极富动态地描绘了龙潜入水下又浮出水面的状态。器盖内残存有彩绘鸟兽纹，首先用墨线双勾，然后再装填彩色，最后施一层朱漆。

　　器身的图案被一条环带分为上、下两部分，周身装饰着精致的动物图样，刻画细腻，神

胡傅温酒樽器盖外区的凤形纽

胡傅温酒樽器盖上的出水龙纹

态生动，每一个细节都饱含着力量与美。器身上的动物形象分为两类：一类是较为写实的动物形象，如虎、熊、鹿、骆驼、鸟、猴子、猎豹、牛、羊，其中牛、羊、骆驼是中国北方游牧民族财富的主要象征，特别是双峰驼图案的出现，更是西汉时期中原与西域贸易往来频繁的例证；另一类是羽人、九尾狐、凤鸟、手持仙草的异兽等传说中的形象，生动地反映了汉代的升仙信仰。

胡傅温酒樽器身上部的双峰驼和凤鸟等图案

胡傅温酒樽上精细雕刻的纹饰，不仅展现了北方草原山林中的野兽，体现了游牧民族对自然界深刻的观察与尊重，也细腻刻

胡傅温酒樽器身下部的羽人形象

画了汉代神话中的神仙形象，描绘了汉人对超凡脱俗、追求长生不老的向往。这种艺术上的融合，不仅是一种形式上的结合，更是深层次文化观念和审美理念的交流与融合，体现了汉代中原文明与周边游牧民族之间广泛而深入的文化互动。在这片古老的铜胎上，每一处纹饰都如同一座桥梁，连接着不同文化，让我们得以窥见那个时代文化艺术交融的瑰丽景象。

胡傅温酒樽器身纹饰展开图

⊙ 温酒樽背后的民族交融

在古代中国的浩瀚历史画卷中，胡傅温酒樽以其别致的魅力，讲述着民族融合的故事，见证了汉朝时期中原与游牧民族之间的文化交流与相互启发，边疆的粗犷与中原的精致相互映照。铜樽上虎豹与羚羊的共舞，九尾狐与羽人的共鸣，不仅仅是自然与神话的交织，更是一个关于中原与边疆、农耕与游牧深层次交流的故事。

自古以来，中国各民族在地理上交错而居，文化上相互吸纳，经济上依存共生，情感上紧密相连，形成了多元一体格局。胡傅温酒樽作为这段历史的见证者，展示了中华文明的连续性和中华民族的包容性与和平性，也使我们得以窥见古代中央统治者在民族政策上展现的智慧，使不同文化互相学习、共同发展，不仅增强了国家的凝聚力，也丰富了中华文化，为中华文明的持续繁荣注入了活力。

『延年益寿大宜子孙』汉锦：

见证千年前的『美美与共』

罗慕秦

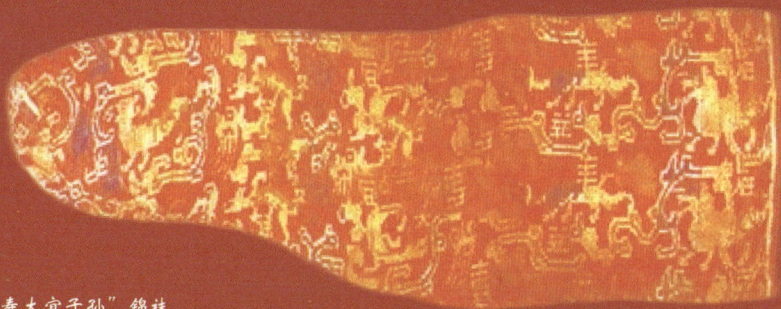

名称："延年益寿大宜子孙"锦袜

时代：东汉

尺寸：长43.5厘米，宽17.3厘米

两汉时期，中原地区这种将各式吉祥语织于丝织品上的『时尚』，流行于千里丝路，形成『美美与共』的景象。

⊙ 消失的精绝国

　　1959 年 10 月，新疆维吾尔自治区博物馆考古队在尼雅河沿岸的民丰县北大沙漠进行文物普查时，清理出一个部分露出沙面的"木乃伊"棺葬（民丰北大沙漠一号墓），发现一批汉代精美丝织品和其他随葬品。这批汉锦是如何来到这里并得以保存至今的？

　　时光倒流到千年前的汉代，黄沙漫漫，驼铃声声。一队队商旅满载中原的丝织品，前往一个叫精绝的西域小国。精绝国位于昆仑山下，塔克拉玛干沙漠南缘，地处丝绸之路咽喉要地，是一个殷实富庶的小国。公元前 60 年，西汉王朝设立西域都护府管辖西域，精绝国便是当时的西域三十六国之一。

　　东汉历史学家班固编著的《汉书·西域传》最早记录了精绝国的名字："精绝国，王治精绝城，去长安八千八百二十里。户四百八十，口三千三百六十，胜兵五百人。"从中可以得知，精绝国距离长安 4000 多千米。东汉以后，精绝国为鄯善国（楼兰）吞并，从此在文献记载中消失。

考古发掘证实，位于民丰县的尼雅遗址正是汉代精绝国所在地。该遗址于 1901 年和 1906 年两次被英国的 A. 斯坦因（Aurel Stein）盗掘。所幸，这批汉锦在民丰北大沙漠一号墓中得以保存。

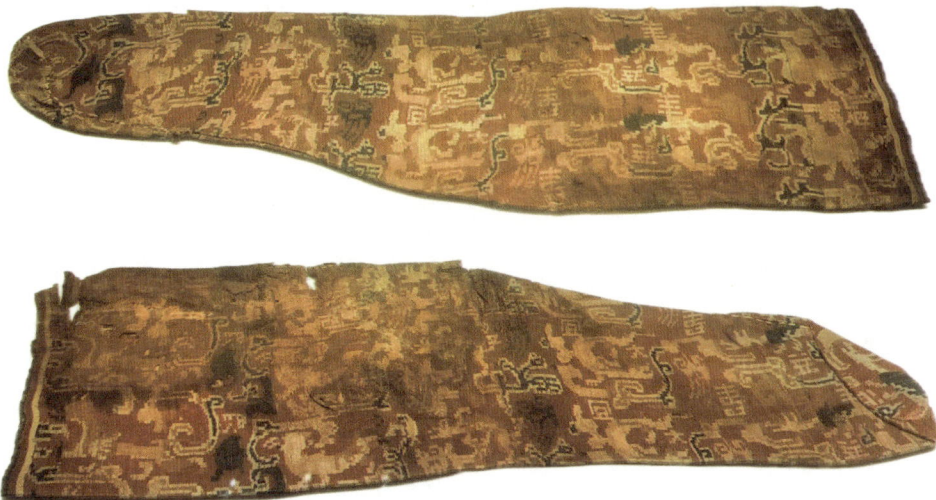

新疆民丰北大沙漠一号墓出土的东汉"延年益寿大宜子孙"锦袜
（中国国家博物馆藏）

新疆民丰尼雅遗址

⊙ 等级森严的汉代随葬习俗

汉锦，也称经锦，是以彩色丝线织出斜纹重经组织的高级提花物。汉代丝织业发达，而锦，则是汉代丝织技术最高水平的标志。

为什么古人要拿如此贵重的锦作为随葬品？《荀子·礼论》记载："丧礼者，以生者饰死者也，大象其生以送其死也。故如死如生，如亡如存，终始一也。"这种"事死如事生"的生死观在汉代得到延续，在死亡来临前，人们通常会按照生前的吃穿用度标准，复制一套同样的物品随葬，以便死后在另一个世界继续享受和生前同样的待遇。

汉代对随葬品的等级有严格规定。《汉书·货殖传》记载："昔先王之制，自天子、公、侯、卿、大夫、士至于皂隶、抱关、击柝者，其爵禄、奉养、宫室、车服、棺椁、祭祀、死生之制各有差品，小不得僭大，贱不得逾贵。"因此，墓葬中随葬服饰的质量和数量，因墓主身份和经济实力而异。比如玉柙，也称"玉衣"，是汉代皇帝和高级贵族死后所穿的殓服，由缕线穿缀玉片制作而成。在精绝国故地发现的汉锦随葬品，无疑是当时汉代丝织品和随葬习俗传播和影响的结果。

河北定州八角郎村 40 号墓出土的西汉金缕玉柙
（中国国家博物馆藏）

⊙ "延年益寿大宜子孙"汉锦：高超工艺及身份象征

　　锦作为一种织物，受光照、温湿度、微生物、病虫害等因素影响，通常很难保存下来。民丰地区发现的遗址中能保存下来大量古代纺织品，是因其地处塔克拉玛干沙漠深处，气候干燥。在这批保存完好、颜色鲜明的汉代织物中，以"延年益寿大宜子孙"锦最具特色。

　　两汉时期，"延年益寿大宜子孙""安乐如意长寿无极""千秋万岁宜子孙"等各式吉祥语极为流行，它们不仅频繁出现在丝织品上，也常常在铜镜、漆器、瓦当上出现，反映了当时的人们追求修身养性、祈求长生、希望子孙绵延不断的观念。令人称奇的是，这一在中原地区流行的"时尚"，跨越千山万水，传到了西域绿洲的精绝国。

山东青州马家冢子东汉墓出土的
"宜子孙"玉璧（青州市博物馆藏）

　　在民丰北大沙漠一号墓里，合葬于此的男女墓主人均身穿昂贵的丝绸服饰：男主人穿着长袍、裤、袜和手套，女主人则穿着内上衣、外上衣、衬衣、裙子、袜子和袜带，显示出墓主人显贵的身份，应属上层统治阶层。其中，男主人所着锦袍下摆底襟一部分、锦袜、手套以及男女主人头枕的鸡鸣枕，均为"延年益寿大宜子孙"锦所制。

新疆民丰北大沙漠一号墓出土的东汉"延年益寿大宜子孙"锦鸡鸣枕
（新疆维吾尔自治区博物馆藏）

东汉时期，经锦的规格有很多种，"延年益寿大宜子孙"锦是其中织法最复杂的。它采用三色汉锦织法，用绛、白、宝蓝、浅驼、浅橙五种颜色的丝线织成云纹、茱萸纹、禽兽纹等图案，上面有隶书"延年益寿大宜子孙"字样的吉祥语。"延年益寿大宜子孙"锦虽由五色构成，但每一分区都不超过三种颜色。其经密每厘米由120～132根丝线织成，纬密每厘米由52～56根丝线织成，经线、纬线循环交错，提花综片繁多，向世人展现出汉代精湛的丝织工艺。

四川老官山汉墓出土的提花机复原模型
（成都博物馆藏）

⊙ 流行千里丝路，见证"美美与共"

无独有偶，"延年益寿大宜子孙"锦不仅在民丰北大沙漠一号墓中发现，斯坦因在塔克拉玛干沙漠东部的罗布泊也发现了几件。而在俄罗斯境内叶尼塞河畔的奥格拉赫提公元2世纪的古墓中，也发现一片同样花纹的汉锦，上面残存"益""寿""大"三字，可见"延年益寿大宜子孙"锦在当时已经实现量产。

除了"延年益寿大宜子孙"锦，汉代其他种类丝织品在丝绸之路东段沿线的武威、罗布泊、尼雅、楼兰、诺音乌拉（今蒙古国境内）等地都有发现，说明当时中原出产的精美丝织品也流行于这些地方。

是什么让汉锦能够精准抵达各地，形成"美美与共"的景象？或许，行走于沙漠之中的驼队能回答这个问题。自张骞通西域以及西域都护府建立后，中原与西域的民间商贸就进入了一个新的发展阶段。东起长安，穿过河西走廊和塔里木盆地，跨越帕米尔高原，西至地中海沿岸，中原商人把丝绸等大批商品源源不断带到西域；当时西域的商人也随其使臣来中原经商，将皮毛、玉石、毡毯，以及被称为"白叠"的棉布源源不断地传入中原。

精绝国，正是古丝绸之路上经济文化交流的重要驿站。在古墓遗址中，除了汉锦，我们还能看到西亚的玻璃器，印度的棉织物，中原的绢、漆器、铜镜、纸片等。《后汉书·西域传》记载丝绸之路上"驰命走驿，不绝于时月；商胡贩客，日款于塞下"，仿佛又让人们看到了千年前贸易繁盛的景象。

往事越千年。我们有幸还能看见"延年益寿大宜子孙"锦和用它制作的服饰、寝具。这些汉代精湛丝织工艺的代表性物证，充分实证丝绸之路上的繁荣与兴盛，也体现不同地区的人们对美好事物的共同追求，其象征的文明交流互鉴的模式跨越地理，超越时空，启迪今人。

『王侯』文鸟兽纹锦：
早期西藏与中原交流往来的考古实证

杨趣

名称："王侯"文鸟兽纹锦

时代：汉晋

尺寸：长44厘米，宽25厘米

「王侯」文鸟兽纹锦应是中原王朝赐予边疆地区首领的信物，在中原织造完成后，从长安出发，最终来到阿里地区。

在西藏博物馆"雪域长歌——西藏历史与文化"基本陈列中，有一件"王侯"文鸟兽纹锦格外引人注目。这是青藏高原地区发现的最早的丝绸实物，也是西藏考古首次发现的丝织品。织锦上织有"王侯"汉字字样，具有明显的中原风格。这件织锦究竟产自何地，背后又有着哪些不为人知的故事呢？

⊙ 1800 年前的织锦，源头在中原

2005 年，在西藏自治区阿里地区噶尔县门士乡，一辆载重汽车从故如甲木寺门前经过时，压塌了一段路面，露出一处坑洞。寺庙的僧人随即对洞穴进行处理，发现了木棺、人骨、丝织品及铜器等珍贵文物。根据出土文物情况，考古人员初步证实此处为一座墓葬。

2012 年，中国社会科学院考古研究所与西藏自治区文物保护研究所联合对这处墓葬进行考古发掘，并在邻近地区又发现 3 座古墓，合称为"故如甲木墓地"。"王侯"文鸟兽纹锦即出土于此。这件织锦呈长方形，长 44 厘米、宽 25 厘米，底为藏青色，纹饰为黄褐色，自下而上为 3 层循环图案。织锦上有隶书汉字"王侯""宜""羊王"等字样，并织有龙、虎、玄武、对鸟、麒麟、朱雀 6 种鸟兽的纹样，故得名"王侯"文鸟兽纹锦。

据碳 -14 测年显示，这件织锦的制作年代在公元 2～3 世纪，正是我国的汉晋时期。类似字样及鸟兽纹的织锦，考古人员之前在新疆营盘墓地和吐鲁番阿斯塔那墓地也有发现，而新疆墓地年代为汉晋时期，这也为故如甲木墓地及织锦的年代提供了佐证。

从考古发现的实物看，至少在西周时期，中原地区就已出现织锦，战国时期织造工艺得到很大发展。至两汉，织锦在技术和艺术上都达到了巅峰：织物细致紧密，质地厚实坚韧，花纹大气，色泽绚丽。

考古人员经多方考证，认为这件出土于西藏的织锦应该是在中原地区生产的。首先是外形初观，织锦上的汉字"王侯""羊王"，鸟兽纹中的动物

西藏阿里故如甲木墓地出土的汉晋时期"王侯"文鸟兽纹锦
（西藏博物馆藏）

造型等元素，均显示了这件织锦与中原地区存在联系。其次是织造技术，这是判定此织锦产自中原地区的最根本的依据。从技术特征看，这件织锦具有明显的中原丝织品特点，采用了汉代中原地区典型的经线显花织法。同时，这件织锦是用蚕丝织成的平纹经锦，重叠的丝线根数多，经纬线紧密度高，织造难度大。当时，西藏地区并不产蚕丝，因此无论是从自然环境还是技术角度来看，西藏都不具备生产此类织锦的条件。

"王侯"文鸟兽纹锦的鸟兽纹样复原图

⊙ 见证西藏与中原地区的交流往来

既然这件织锦产自中原地区，那么，它又是如何进入西藏的？

织锦等珍贵文物的出土，揭开了阿里地区尘封千年的文化记忆，也让消亡千年之久的象雄古国重回人们的视野。

象雄，史称"羌同""羊同"，是汉晋时期青藏高原上的一个古老侯国。唐代杜佑《通典》中记载："大羊同，东接吐蕃，西接小羊同，北直于阗，东西千余里，胜兵八九万人。其人辫发毡裘，畜牧为业。地多风雪，冰厚丈余。"象雄拥有独特的象雄文，是西藏苯教的发源地，深刻影响了吐蕃以及西藏社会的各个方面。

史载，象雄王侯曾向唐王朝遣使朝贡。《唐会要》记载："（大羊同）贞观五年十二月，朝贡使至。十五年，闻中国威仪之盛，乃遣使朝贡。太宗嘉其远来，以礼答慰焉。"学者依据文献记载和相关考古实物推测，制作精美、带有"王侯"汉字的织物应是中原王朝赐予边疆地区各族首领的信物。同时，这件织锦上的"羊王"字样可能寓意"羊同之王"。这就为"王侯"文鸟兽纹锦流入西藏提供了合理的解释。

关于织锦进藏路线，学者也作了推断。研究发现，这件织锦与新疆地区出土的同时期丝织物上的兽纹和隶书汉字字样非常相似，说明两者可能存在内在联系。因此，极大的可能就是，这件"王侯"文鸟兽纹锦在中原地区织造作坊完成后，从长安出发，一路向西，经过丝绸之路上的新疆南部，通过河谷和山口，最终来到阿里地区，到达"羊王"的手中。

自古以来，青藏高原就并非一个封闭的区域，与中原地区以及中亚、西亚、南亚等地都有交流与往来。这件出土织锦是早期西藏西部与中原地区交往交流交融的重要考古实证，也展现了汉晋时期宏大的交通网络与文化辐射能力。

丝路与唐锦纱：一段跨越时空的对话

王立伟

名称：墨绿地狩猎纹印花纱

时代：唐

尺寸：长35厘米，宽18厘米

古罗马人完全被丝绸的魅力征服，丝质服装成为罗马贵族妇女争相抢购的服饰。在她们眼中，丝绸是一种身份地位的象征。

丝绸之路上，不同民族、宗教、语言、风俗、艺术等相互碰撞、融合、创新，形成丰富多彩的文明景观。

　　新疆是丝绸之路的必经之地，也是东西方文化沟通交流的桥梁和纽带。新疆在唐代虽经历数次战争和变迁，但同时也见证了繁荣的文化景观，为后人留下了丰富独特的历史遗产。中国国家博物馆馆藏的两件锦纱，均出土于新疆吐鲁番阿斯塔那唐墓。

⊙ 新疆吐鲁番阿斯塔那唐墓出土的两件锦纱

　　一件为墨绿地狩猎纹印花纱。图案为狩猎纹，骏马飞奔，骑士搭弓射兽，飞鸟、花卉点缀其间，方寸之间展示了一场惊心动魄的狩猎场景。这件文物属染缬丝绸，为平织方目纱，比较疏朗。有研究认为，这件"蜡缬"染色时可能不是使用蜡溶液，而是用含有碱性物质的涂料绘出或印出花纹，并且先行染色，涂料后加，干后再浸于水中。碱性溶液溶去花纹部分的丝胶，涂料洗掉后便显出花纹。这种技法比英国发明的碱印法早了几百年，令人不得不佩服唐代纺织工匠卓越的工艺。

新疆吐鲁番阿斯塔那唐墓出土的墨绿地狩猎纹印花纱
（中国国家博物馆藏）

另一件为鸾鸟戴胜纹锦。其图案是在联珠纹样中配以鸾鸟纹，造型十分精美完整，富有装饰意趣。联珠纹是典型的波斯萨珊式纹样，即在联珠内填以适合的动植物纹样，如对鸭纹锦骑士纹锦和鸟纹锦。根据织锦的制作工艺和史籍记载，这类纹样是中原仿照波斯或粟特纹样制成的，又通过丝绸之路转销到西域各地。

关于唐代丝织业的发展情况，普遍认为，唐代前期丝织业主要在中原的河南道及河北道，其次是剑南道和山南道，江南地区的江南道和淮

新疆吐鲁番阿斯塔那唐墓出土的鸾鸟戴胜纹锦
（中国国家博物馆藏）

南道产丝织品不多。唐代后期，江南地区丝织业后来居上，其次是剑南地区。联珠鸟纹锦中呈现的大小联珠圈纹应是河北道、河南道和剑南道丝织品的主要图案。从吐鲁番出土丝织品墓葬的墓志和文书纪年看，这些丝织品均为盛唐之前的产品。

⊙ 关于中国丝织品的故事

关于中国的丝织品，有许多流传甚广的故事。相传古罗马人第一次近距离欣赏丝绸应该是在凯撒大帝到罗马大剧院观看演出的时候。当众人看到身着丝质长袍的凯撒大帝时，大为震撼。自此，古罗马人完全被丝绸的魅力征服，他们称中国为"赛里斯"（拉丁文 Seres），即"丝之国"，丝质服装也成为罗马贵族妇女争相抢购的服饰。在她们眼中，丝绸已经不是一般意义上的服饰面料，而是身份地位的象征。丝绸也被炒出高价，一度被称为"软黄金"。

新疆丹丹乌里克遗址出土的唐代传丝公主画版
（大英博物馆藏）

由于丝绸的价高物稀和对蚕种出口的严格限制，有些人便动起了"歪脑筋"，最有名的当数"东国公主传丝"的传说。这个传说最早源于赴印度求法的唐代僧人玄奘，《大唐西域记》中也有记载。大致讲述了西域有一个叫"瞿萨旦那"的地方，对"东国"的养蚕缫丝技术极有兴趣，想要求取蚕种，却被拒绝。于是，瞿萨旦那王想出了一个办法：通过和亲，迎娶东国公主，让公主带回禁止外传的蚕种。为了逃避关卡，蚕种被秘密藏到公主的帽子里。从此以后，西域便开始生产丝绸了。

据统计，唐代前期（618～755），从中原出口到西域的商品总值约 1.5 亿两白银，至唐代后期（756～907）则增加到 2.5 亿两白银。这些商品主要有来自中原的丝绸、茶叶、瓷器、铜镜等，以及来自西方的香料、珍珠、玻璃器、皮毛等。唐朝与丝路沿线各国的商业贸易不仅促进了经济发展和利益交换，而且推动了宗教、音乐、舞蹈、绘画等文化的传播。

公元 14 世纪上半叶的凤凰纹织金锦，该织金锦可能产于伊利汗国（意大利威尼斯莫契尼戈宫藏）

陆羽像：
见证茶文化在长城文化带的传播

颍淮南

名称：白瓷陆羽像
时代：五代
尺寸：高10厘米

茶文化最终发展成为五十六个民族的茶文化，成为中华民族代表性精神标识，世界文明大花园里也多了中国茶的味道。

喝茶是许多中国人的一种生活习惯。那么中国人是从什么时候开始讲究饮茶有道的呢？中国国家博物馆藏有一套 20 世纪 50 年代出土的五代时期的白瓷茶具及陆羽像，距今已有 1000 多年的历史。陆羽像背后，是茶文化从江南传播到北方长城文化带的过程。茶为中华民族注入理性，促进了中华民族在大江南北的大融合。

⊙ "白瓷茶具及陆羽像"透出哪些信息

这套白瓷茶具及陆羽像，共有 5 件，器形整体不大，陆羽像高 10 厘米，煎茶用的风炉和茶鍑通高不过 15.6 厘米，点茶用的汤瓶高 9.8 厘米。但研碾茶末的茶臼口径 12.2 厘米，盛茶渣的渣斗高 9.5 厘米，与小型的实用器尺寸相接近。经中国国家博物馆学者宋兆麟和孙机等考证，均认为这套器物出土于河北省唐县。

此外，在北京市顺义区辽代塔基出土的白瓷中，发现了一件白釉童子诵经壶，也被确认为"陆羽像"。辽宁和内蒙古也有发现类似茶具。说明在五代时期，茶文化已经在长城文化带的燕山地区传播。

风炉和茶鍑

渣斗

陆羽像

茶臼

汤瓶

五代时期的白瓷茶具及陆羽像（中国国家博物馆藏）

⊙ "陆羽"是谁

中国国家博物馆收藏的白瓷陆羽像是目前发现并经学者认可的年代较早的一件，呈现的是27岁左右的青年陆羽在江南时的形象。瓷像上身着交领衣，

陆羽像局部

下身着裳，戴高冠，双手展卷，盘腿趺坐。其仪态端庄，面部清润，有光亮，没有那个时代成年男人常刻意保留的胡须，一如清明前绿茶树，在江南绵绵细雨中绽放着春天般的朝气。宋兆麟和孙机等学者认为，他注视的应为《茶经》。

《茶经》是世界的第一部茶书，成书时间大约在公元764年之后，全书7000余字，共三卷十章，行文精炼，内容丰富，从茶的起源、性状、名称、品质、种类，到采摘、制法、煮饮器具、烹茶方法、饮茶风俗习惯等，无不述及。《茶经》的问世结束了汉魏以来"煮作羹饮"的饮茶历史，开启了"饮茶有道"的时代，对茶文化的传播形成了强有力的推动。陆羽也成为中国乃至世界第一位茶学家。

中国人喝茶的历史到底有多悠久呢？答案远远超乎我们的想象。2001年，浙江跨湖桥遗址出土了一颗距今8000年的"茶树种子"。有学者认为这是世界上最早茶树种子。随后，在浙江田螺山遗址中发现了山茶属树根，这是我国迄今为止发现的最早的人工种植茶树的遗存。有学者认为，早在6000年前，

浙江余姚田螺山遗址出土的新石器时代茶杯和茶根

田螺山一带的先民们就已开始"使用陶器煮茶、喝茶"。这也证明，中国发现茶树和利用茶树已有数千年历史了。

据史料记载，西汉时期已有喝茶的习惯。但茶文化的正式形成大约是在魏晋南北朝时期。《太平御览》引《世说新语》："晋司徒长史王濛好饮茶。人至，辄命饮之。士大夫皆患之，每欲往候，必云'今日有水厄'。"意思是说王濛很喜欢喝茶，但东晋时期饮茶习俗还没有那么普遍，客人们喝不惯苦涩的茶，所以把"敬茶"反当作"水厄"，真是辜负了王濛的一片好意。

唐宋时期，饮茶风尚进入了鼎盛时期。而推动这一进程的一位关键人物就是陆羽。陆羽在《茶经》说，中唐时最为流行的是煎茶法。其程序步骤大体为：焙茶、碾茶、筛茶、烧水、调茶、饮茶。唐人饮茶不叫"喝茶"，而为"吃茶"。吃茶时，要配以点心。

⊙ "白瓷茶具及陆羽像"在哪里生产的

中国较早的瓷器茶具约出现于东晋南朝时期。这时的江、浙、闽、赣等地开始生产青瓷器。浙江温州瓯窑是中国较早烧茶具的窑口之一，其产品釉色青绿泛黄，玻化程度虽较高，但胎、釉的结合却不够理想，常开冰裂纹，且出现剥釉现象。

中原出现瓷制茶具较晚些。《唐国史补》中载有"巩县陶者多为瓷偶人，号陆鸿渐，买数十茶器得一鸿渐"，陆鸿渐就是陆羽。

这套白瓷茶具及陆羽像，造型浑厚，除陆羽像部分施黑彩外，皆为一色白釉，胎土很细，胎和釉的白度都相当高，唯釉汁凝存处微泛青色，腹下部及底部一般不施釉。从工艺上看它们具有邢窑白瓷的特

中国茶叶博物馆里的茶圣陆羽铜像

征，茶臼与河北内丘邢窑遗址出土的研磨器相似，渣斗则与武汉黄寨五代墓出土者相似。

⊙ 谁在使用"白瓷茶具及陆羽像"

五代时期，辽朝直接控制长城带的燕山地区，今天的河北省唐县和北京市顺义区均在其控制范围。契丹族是发源于我国东北地区的游牧民族，早期主要在今西拉木伦河附近游牧；随着其不断发展壮大，907年，耶律阿保机统一契丹各部成为可汗；916年，耶律阿保机建立契丹国，后契丹改国号为辽。人们习惯上将契丹916年建立政权至1125年为女真所灭统称为辽。

这套白瓷茶具及陆羽像在制作时，应是有意将大件器物缩小以与小型器物约略取齐。它们不应是实用器，但也不是明器，而应是一套供贵族玩赏的模型。同时，这组茶具中风炉与茶瓶等组合共存，反映了辽代时的使用特征。

因此，"白瓷茶具及陆羽像"使用者应为辽国契丹贵族。

⊙ 贵族为何选择"白瓷茶具及陆羽像"

茶文化是辽契丹从中原地区吸收借鉴的饮食文化之一。隋唐大运河开通后，茶文化开始北传，过长城，到达东北地区，直接影响了契丹族，促进了契丹文化的多元性，推动着契丹社会生活逐渐由满足生理需求向追求身心享受的高品质生活发展。河北宣化辽墓中发现的壁画《备茶图》就描绘了一幅辽人备茶的场景，画面中有女仆2名、男童2名、男仆1名，均衣着契丹服饰，五人共同备茶，分工明确，反映了契丹对中原茶文化的吸收借鉴。

由于契丹统治者大多信奉并大力推崇佛教，佛教文化在契丹地区广泛传播与发展，佛教信徒礼佛中也常有饮茶情景出现。

此外，契丹贵族饮茶也加速了茶文化在长城文化带的传播。

河北宣化辽墓壁画《备茶图》

⊙ "陆羽像"为何会出现在燕山脚下

　　这涉及茶文化传播。唐后期黄河流域出现了较多的陆羽像，个头均不大，便于随身携带。这件陆羽像出现在燕山地区，存在着掠夺或朝贡的可能，也说明辽时长城文化带存在一定意义上的"文化虹吸"现象。

　　呼伦贝尔草原自古以来就是长城沿线最好的草原之一，历史学家翦伯赞认为，很多的游牧民族都是在呼伦贝尔草原打扮好了，或者说装备好了，然后才走出家门。这里一直是游牧民族的历史摇篮，鲜卑人、契丹人、女真人、蒙古人都是在这个摇篮里长大的，又都在这里度过了他们历史上的青春时代。

　　德裔学者 K. A. 魏特夫（Karl August Wittfogel）于 20 世纪前半期提出

呼伦贝尔草原

了"征服王朝论"。他在与中国学者冯家昇合著的《中国社会史：辽（907—1125）》一书的导言中认为：中国古代诸北族王朝按其统治民族进入内地的不同方式，可划分为两类。一类为"渗透王朝"，以十六国、北魏为代表；另一类为"征服王朝"，辽、金、元、清均属其列。北族王朝与汉地的文化关系，绝不仅是简单的同化，而是双向性质的涵化。具体而言，"征服王朝"较倾向于武力，而"渗透王朝"较倾向于吸收。

无论"渗透"还是"征服"，契丹人控制幽云地区后，开始自称"中国"，以华夏为正统。辽朝的《鲜演大师墓碑》就有"大辽中国"的说法。1009年，《大契丹国夫人萧氏墓志》称萧氏丈夫耶律污斡里的祖先为轩辕黄帝八世孙虞舜后裔。1095年，《永清公主墓志》同样记有辽人为"轩辕黄帝之后"。而《辽史·世表》记载则有所不同，认定"辽之先，出自炎帝。" 这是对"中国"身份的认同。

辽和宋的澶渊之盟，以物质换取和平。南方农耕政权在维持与北方游牧政权的朝贡关系时，以厚往薄来为原则，表面上看并不在乎经济利益，实际上是为了保护农耕民族更大的经济利益。事实上，澶渊之盟后，宋、辽之间的茶叶贸易更加繁荣。

民族矛盾斗争，不论谁胜谁负，都是一场灾难、一场悲剧。如果游牧民族过不了长城带，融不进黄河流域，就只能由东向西迁移、漂泊。公元前3

世纪以后，出现在史籍上的北方游牧族群迁徙也主要是从东向西。大月氏、匈奴、嚈哒、柔然、突厥、回鹘、契丹莫不是如此。文化在选择，文明也在选择，博弈过程就是选择的过程。长城不是中原王朝的边界，但见证了历史选择。

⊙ "陆羽像"与草原丝绸有何关系

草原丝绸之路指的是蒙古草原地带沟通欧亚大陆的商贸通道，是丝绸之路的重要组成部分。主要路线由中原地区向北越过古阴山（今大青山）、燕山一带长城沿线，再向西北穿越蒙古高原、中西亚北部，直达地中海欧洲地区。辽王朝通过控制草原丝路，在一定程度上垄断了中原与西亚乃至欧洲的贸易，同时也促进了文化交流和民族融合。

就这样，茶文化最终发展成为 56 个民族的茶文化，成为中华民族代表性精神标识，世界文明大花园里也多了中国茶的味道。2023 年 9 月，中国"普洱景迈山古茶林文化景观"被列入《世界遗产名录》，是全世界首个茶文化世界遗产。可以说，茶的发现和利用，是中华民族为世界文明所做的一项巨大的贡献。中国茶文化是以茶为载体来传播各种文化，彰显了中华文明突出的连续性、创新性、统一性、包容性、和平性。

一只荷包的古今记忆：

应是此物最长『情』

古嘉洁

名称：团窠滴水纹织金锦褡裢荷包

时代：元

尺寸：长 10 厘米，宽 14.5 厘米文物解读的浪漫之处便在于，以今人之见赋予一件物品跨越时空的情感特性，成为国人共同的文化记忆。

荷包虽小，情意绵长。它将所有的情与爱、思与恋"包"在其中，成为极具中华民族特色的传情之物，是中国式古典浪漫中最明朗的表白。"子规啼，不如归，道是春归人未归"，荷包所传递的相思之情，也在中华文化传承千年的历程中被打上深深的烙印，成为国人共同的文化记忆。尽管荷包不再是今人传递爱意的必备之物，但这份文化记忆凭借着文物的无声讲述代代相传。

穿越历史的长河，似乎仍能看到元代净州路（今内蒙古自治区乌兰察布市四子王旗）的草原古城上演的一幕幕金戈铁马、烈火狼烟，听到战旗猎猎，鼙鼓声声。在这片交织着草原文化和农耕文明的土地下，埋藏着一枚小小的元代荷包。

这件文物全称为"元代团窠滴水纹织金锦褡裢荷包"，20世纪末出土于内蒙古自治区乌兰察布市四子王旗元代墓葬中。包型为长方形，以织金锦为面料，夹层、绢里、表面以深色丝线起花，上有如意云头纹、滴珠窠纹等，上下残留布系带，精致实用。荷包属褡裢样式，褡裢即一个方形布袋，中间开口，两头各有一袋，可搭在人肩头或牲口背上，后逐渐从承装大件物品演变为装饰性小型褡裢荷包。

　　该荷包在制作技法上采用了织金锦，印证了蒙古族、汉族深入的文化交流，并凸显了元代社会风尚的流行趋向。织金锦是以金缕或金箔切成的金丝作纬线织制的锦，这项织造技术肇始于战国时期，唐宋之际逐渐成熟，并受到辽、金、元三朝崇尚黄金的北方游牧民族统治者的喜爱，元代的织金锦技术在两宋基础上取得了空前发展。元代的蒙古族贵族不仅衣着华丽的金锦，就连日常生活中的帷幕、椅垫、床被，以及小小的荷包，都能找到以织金锦所制的实物遗存。

　　因此，表面上看，织金锦编连起可供平常佩戴的褡裢荷包，实则串起了草原文化和中原文化相互交融的历史脉络。以技艺、文化、制度、社会风尚为外在表现的多民族相互亲近、兼收并蓄，构成了中华历史上各民族追求团结统一的内生动力，并形塑了根深叶茂的中华文明的根性——无与伦比的包容性和吸纳力。

元代团窠滴水纹织金锦褡裢荷包
（中国民族博物馆藏）

　　荷包的纹饰是社会审美情趣和生活理念的反映，更是文化流动的符号。团窠纹是我国古代民族文化的重要代表，但从其起源与发展看，则体现了中西方文化相互影响下的继承与创新。汉代丝绸之路开通后，西方艺术文化形式也逐渐影响到中原的装饰文化。团窠纹吸收改造自中亚的联珠团窠纹。联珠团窠纹是指外面带有一圈珠子，圈内有一个或一对动物的纹样。该纹饰起源于波斯文化中的王权之环，代表神明将权力赐予君王。到了萨珊王朝时期，它变成一种宗教意味浓厚的纹饰，象征着光明与神明福佑，成为波斯艺术普遍使用的图案。

团窠图案在北朝时传入中原地区，在唐代达到顶峰，并在丝绸上普遍应用。它以饱满的圆形为基本式样，层次丰富、形象丰满，符合唐代雍容华贵的审美风尚。在波斯联珠团窠纹样的基础上，人们又加入中原地区"天圆地方""美好团圆"的传统美学观念和文化内涵，逐渐形成四季花卉、人物、动物、吉祥龙凤等多种题材的团窠纹样式。通常情况下，窠与窠之间没有直接的交叠，而是上下左右交错出现，用辅助纹饰关联，既相互独立又不断往复，变中取律，极具观赏价值。元代蒙古族学习吸收中原文化特色，体现在对装饰纹样的运用上——元代服饰面料普遍使用团窠纹图案，这件荷包便借鉴了典型的滴水团窠纹样。

一方小小的荷包，既能盛放古今贯通的儿女情长，也能承载中华悠悠千年大历史观下的文化融合属性。用一件物品传达心意，是人类社会约定俗成的习惯和行为。在古代，荷包除了表征身份、寓意吉祥外，最大的功用便是表达相思。这一传情的荷包也许是净州路古城的一位蒙古族女子用绵绵情意绣制而成。人们无法判定这枚元代荷包曾经历何人之手、具有何种意象，但文物解读的浪漫之处便在于，以今人之见赋予一件物品跨越时空的情感特性。

团窠滴水纹织金锦褡裢荷包局部

第四章

中华智慧

跨湖桥陶釜：
中国最早的草药罐

杨
越

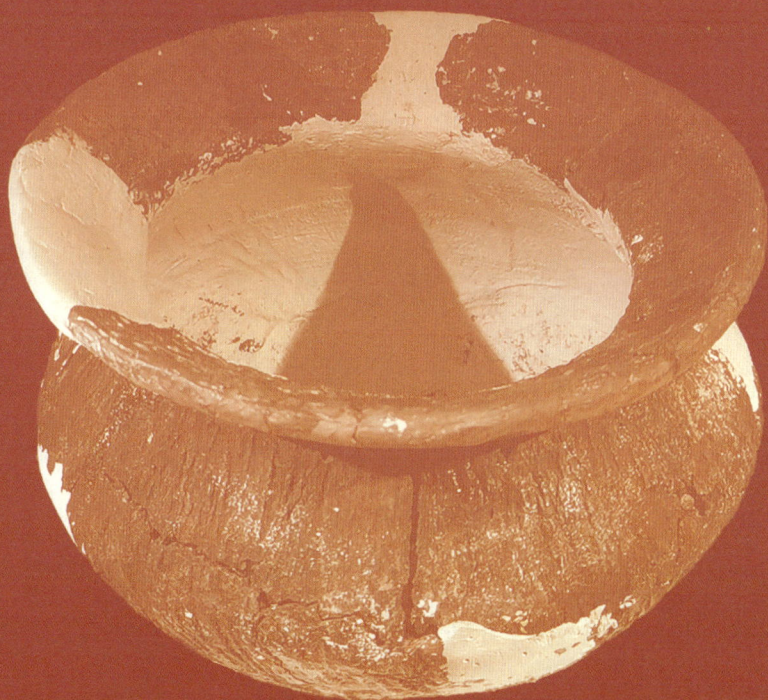

名称：跨湖桥陶釜
时代：新石器时代
尺寸：口径 11 厘米，高 12 厘米

中医药文化『天人合一』『人体小宇宙，宇宙大人体』的辩证统一观点，给中医治病带来了独特的视角与优势。

在位于浙江省杭州市萧山区的跨湖桥遗址博物馆展厅里，展出着一件目前已知中国最早的草药罐。距今 8000 ~ 7000 年的跨湖桥先民在草药罐里装些什么药？远古时期的人们有着哪些医疗手段？

⊙ 8000 年前的草药罐

2001 年 7 月，考古人员在浙江省杭州市萧山区跨湖桥遗址发现了一件被丢弃于泥土中且稍有残缺的绳纹小陶釜。釜是一种炊具，通常与支座配合使用，用于煮食烹饪食物。历史上曾有不少关于釜的典故，如"豆在釜中泣""破釜沉舟""釜底抽薪"等。

浙江杭州萧山跨湖桥遗址出土的新石器时代陶釜（跨湖桥遗址博物馆藏）

这件陶釜出土时，器内盛有一捆 20 余根植物茎枝。茎枝长 5～8 厘米，单根直径 0.3～0.8 厘米，纹理结节清晰，整齐地曲缩在釜底，茎枝之间不间杂泥巴，与底腹的接触面也十分清爽。据此观察，推测这捆植物茎枝在被丢弃前就在釜内，丢弃过程中没有散乱，而是紧密地粘连在一起，比较符合茎枝被煮软后的特点。另外，陶釜外壁有烟熏火燎的痕迹，证明曾经过火炊。

经浙江省药品检验所中药室检测，植物标本被定为茎枝类。鉴于这些茎枝不可能被直接食用，故应是因陶釜破裂而被丢弃的煎药。至于煎煮的具体是什么草药，已无法进行植物鉴定，所以这 8000 年前的草药罐里到底装了什么药，目前还是个谜。

⊙ 药物起源：传说与物证

在使用化学合成药之前的漫长时间里，人类一直使用天然药物治疗疾病。这些天然药物包括植物药、动物药和矿物药，其中植物药应是人类发现和使用最早的药物。

考古人员曾在浙江省余姚市河姆渡遗址发现了人工采集的樟科植物叶片堆积遗存，而樟科植物有不少是药用的，说明 7000 年前的先民已经知道这些植物无毒、可食用，或有可能已懂得利用樟科植物驱虫治病。

我国古代有关药物起源的传说很多，流传最广的是神农氏和伏羲氏的传说。药物起源与原始农业、畜牧业的发展有着十分密切的关系，传说中的神农氏是原始农业的发明人，伏羲氏则是原始畜牧业的创始者。神农尝百草，发现医药，在我国尽人皆知。《淮南子·修务训》载："……神农……尝百草之滋味，水泉之甘苦，令民知所辟就。"《搜神记》载："神农以赭鞭鞭百草，尽知其平毒寒温之性，臭味所主，以播百谷，故天下号神农也。"另据《太平御览·方术部》收录的《帝王世纪》的内容："伏羲氏……乃尝味百药而制九针，以拯夭枉焉。"又载："帝使岐伯尝味草木，典主医药，《经方》《本草》《素问》之书咸出焉。"

从传说中"尝百草""尝味百药""尝味草木"的记述，可看出先民对植物药的认知和实践过程。医学界曾将中药起源的时间定在《黄帝内经》问世的先秦时期，跨湖桥遗址出土的这一陶釜草药罐，加之釜内被鉴定为茎枝类植物的标本，为研究我国中草药，尤其是煎药的起源提供了新的重要线索。

⊙ 砭石与针灸

除了植物药，在中华传统医学中，针灸也是较早出现的一种有效的医疗手段。根据先秦时期文献记载及考古实证，研究人员一般把针灸出现的时间定在新石器时代，但其渊源可以上溯至旧石器时代。在跨湖桥遗址中，同草药罐一起出土的，还有疑似用作针灸的钉形器。

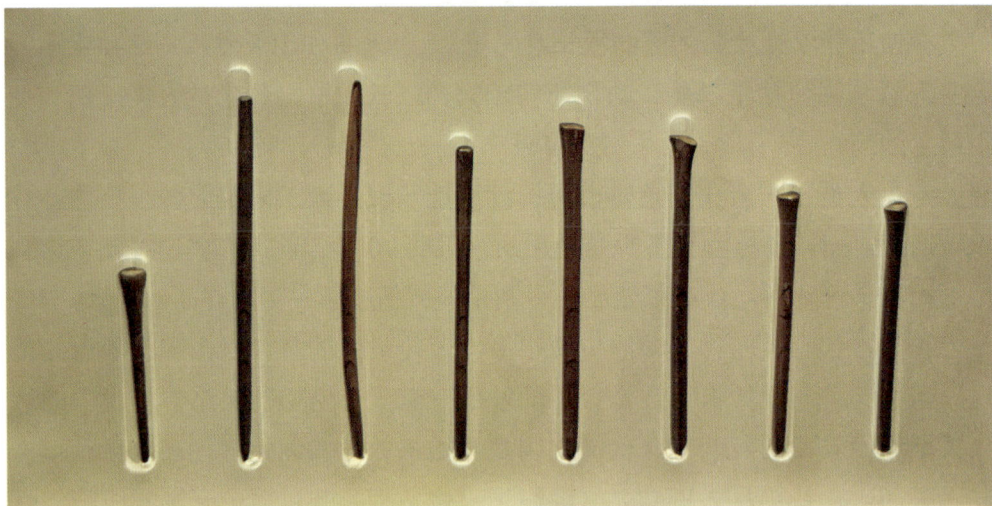

浙江杭州萧山跨湖桥遗址出土的新石器时代钉形器
（跨湖桥遗址博物馆藏）

针灸由砭石发展而来。砭石是古代一种锐利的医疗器具，不少古籍中记载了当时人们对砭石治病的认识。《黄帝内经》记载了中医六术：砭、针、药、灸、按跷和导引。《黄帝内经·素问·异法方宜论》载："故东方之域，……

其病皆为痈疡。其治宜砭石，故砭石者，亦从东方来。"唐王冰注："砭石，谓以石为针也。"《黄帝内经·素问·宝命全形论》载："制砭石小大。"《山海经·东山经》载："又南四百里，曰高氏之山。其上多玉，其下多箴石。""箴"就是"针"字。《左传·襄公二十三年》记载了一句俗语"美疢不如恶石"，东汉服虔注："石，砭石也。"根据这些记载，砭石可谓我国最古老的医疗器具。

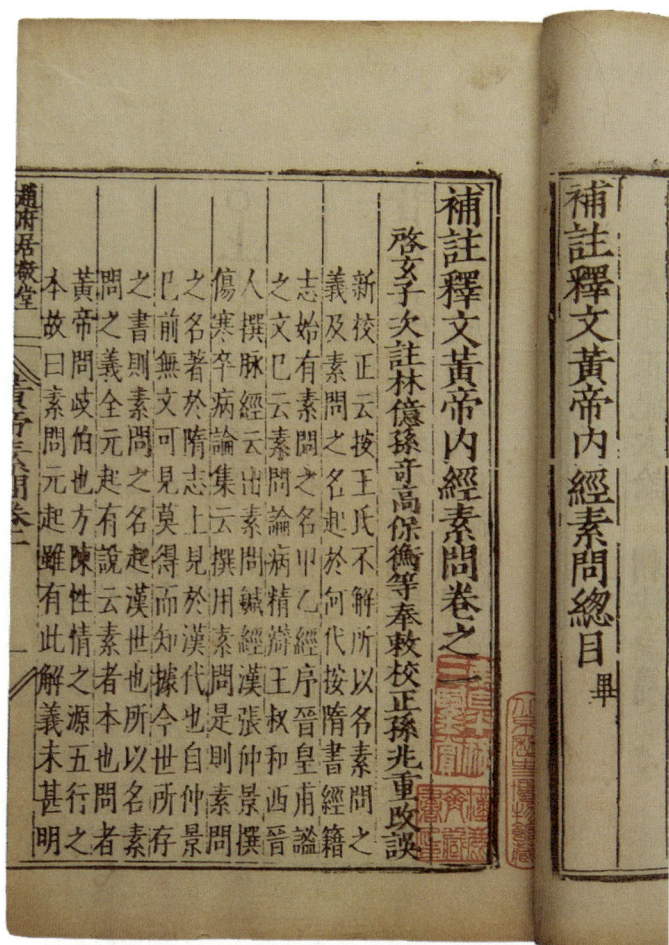

明刻本《补注释文黄帝内经素问》
（中国国家博物馆藏）

最初，砭石主要用于破开脓肿、排除脓血，后来发展为针灸：用之刺激身体的特定部位，以消除或减轻病痛。这些锐利的医疗器具可以用石料、骨头、竹子、木头等制作。跨湖桥遗址中出土了一种钉形骨（木）器，头部尖而不锐、温和柔润，被认为可能是一种原始针灸工具。春秋时期，已经有擅长针灸的名医。《左传·成公十年》记载了名医医缓于公元前581年为晋景公看病的事例："疾不可为也。在肓之上，膏之下，攻之不可，达之不及，药不至焉，不可为也。"医缓指出晋侯已病入膏肓，无论针灸、用药都无能为力。这是史书所载较早的一份病例。随着冶金技术的发展，制作针灸器具的原料逐渐以金属为主，青铜针、金针、银针、铁针相继问世。1968年，河北省保定市满城中山靖王刘胜墓出土了4根金针和5根银针，是我国迄今发现最早的金属针具。

河北满城西汉中山靖王刘胜墓出土的金针
（河北博物院藏）

有意思的是，人们现在常使用的成语"针砭时弊"，意为像医病一样指出社会问题，其中的"针"和"砭"即锐利的医疗器具。

⊙ 中医针灸蕴含的中国智慧

2010 年，联合国教科文组织将"中医针灸"列入人类非物质文化遗产代表作名录。2012 年，四川省成都市金牛区天回镇老官山汉墓出土 900 余枚包含医学内容的简牍，被命名为"天回医简"，是我国迄今为止发现内容最丰富、体系最完整、最具理论和临床价值的古代医学文献，证明 2000 多年前的中国医学已有较完整的理论与临床体系。

植根于中华优秀传统文化的沃土，包括中医针灸在内的中医药文化形成了独特的宇宙观、生命观、疾病观和防治观，讲求"天人合一""人体小宇宙，宇宙大人体"，这种辩证统一的观点给中医治病带来了独特的视角与优势。

中医针灸理论认为，经络是人体内部的枢纽，是人体运行气血、联络脏腑、周身循环的机制所在。通过针灸治疗可以调整脏腑、经络气血盛衰，使人体处于平衡协调的状态。针灸穴位可以治疗对应的疾病，起到调节机体免疫力、增强抵抗力、补中益气、通经活络、扶正祛邪的作用。

此外，"治未病"更是中医独特的疾病

四川成都老官山 3 号汉墓出土的西汉天回医简《脉书·尚经》（成都博物馆藏）

防治理念。《黄帝内经·素问·四气调神大论》载："是故圣人不治已病治未病，不治已乱治未乱，此之谓也。"即顺应不同的时节与环境，分析"未病"时的不同状态特征，采用食疗、心理调治、针刺、艾灸、按摩和穴位贴敷等方式，激发经络之气，保持机体阴阳相对平衡，增强自然抗病能力，从而达到预防保健和强身防病的目的。

天圣铜人：世界最早的医用人体模型

王立峰

名称：明仿宋针灸铜人

时代：明

尺寸：通高 213 厘米

针灸铜人作为中华医学文化的象征之一，向全世界述说着针灸的传奇。

⊙ 源远流长的针灸医术

扁鹊像

据《史记·扁鹊仓公列传》记载，春秋时期，神医扁鹊路过虢国，刚巧虢国太子死了。扁鹊听说太子是在鸡鸣时辰突然昏厥不省人事的，就问中庶子收殓了没有。中庶子说："没有，他死去还不到半天。"扁鹊对他说："你去禀报国君，我能使太子活过来。"中庶子听了，惊得目瞪口呆，马上把这个情况禀报给国君。扁鹊经过诊断，确定太子患有"尸厥"之症，就拿出几根针在太子身上刺了几下。不一会儿，太子就醒过来了。之后，扁鹊又配合药物熨帖和汤药，仅仅20天，太子便恢复了健康。

这种用针刺治疗疾病的神奇方法就是针灸。针灸包括两种治疗方法：针法和灸法。针法古称"砭刺"，是利用不同针具刺激人体穴位，激发经络之气，使身体恢复健康。灸法是采用艾绒等对穴位进行烧灼或熏熨，并通过这种温热刺激来调节身体机能，防治疾病。针法和灸法经常配合使用，人们统称为针灸。

一般认为，我国针灸出现的时间在新石器时代，但其渊源可以上溯至旧石器时代。当时的人们已经会用有锐利尖端和锋面的石器对身体进行刺、割，或利用边缘圆钝的片状石器来按压痛处或破开痈肿，后来为使用方便，制作出骨针、陶针。商

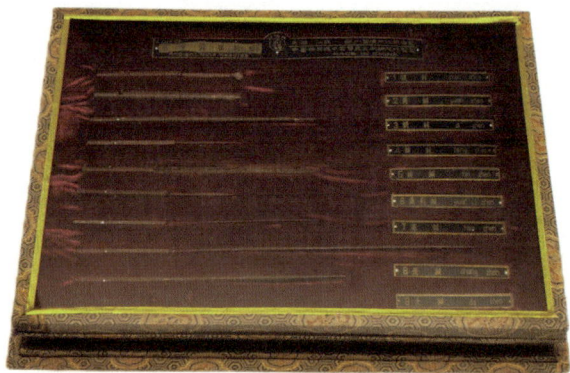

仿古九针模型（中国中医科学院针灸研究所藏）

周时期，有了冶炼铜器的方法，于是又出现了青铜针。随着针灸术的发展，所用的针出现了9种不同的形制，被称为"九针"。我国最早的医学典籍《黄帝内经》在《灵枢·九针十二原》中对九针的形制与功能作了详尽描述。九针是中医早期针灸和外科医疗工具规范及定型的重要标志。

⊙ 铸造针灸铜人

在春秋战国时期，我国古代医学家就已经发现人体经络系统，并逐渐创立独特的针灸疗法。魏晋南北朝时期，针灸学开始迅速发展，出现了第一本针灸学方面的专著《针灸甲乙经》。到了北宋时期，针灸已经成为医学教育的主要科目之一。不过，当时流传的针灸医书经过多年传抄，腧穴和经络出现很多错误，大夫们凭借经验和对医书的理解给病人看病下针，致使全国出现大量误诊病例。宋仁宗赵祯意识到，必须制定一个新的针灸经穴的标准，

才能杜绝误诊。于是，他在天圣元年（1023）下了一道圣旨，命令翰林医官院重新整理流传下来的针灸医学书籍，并要求"创铸铜人为式"。医官院将任务交给精通针灸的太医王惟一。经过3年潜心研究，王惟一撰写出3卷《铜人腧穴针灸图经》，又于天圣五年十月铸成两尊一模一样的针灸铜人，后世称为"天圣针灸铜人"。《铜人腧穴针灸图经》一书增加了"新铸"两个字，成为《新铸铜人腧穴针灸图经》。

天圣针灸铜人由青铜铸成，身高与青年男子相仿，双足并立作站立姿势。头部有发及发冠，上身裸露，下身着短裤。左手手背朝前，拇指与中指指尖相触，构成圆圈；右手手掌朝前，手臂侧曲。铜人体表分12个部分，在各个部位设有特制的榫头，拆卸起来非常方便。铜人表面用黑色漆描绘出全身经脉，上面分布有657个穴位，旁边用错金技法标出名称。每个经穴都与体腔内凿穿的小孔相通。在铜人体腔内安放着用木头雕刻的五脏六腑和骨骼，这些脏腑器官被雕刻得栩栩如生、细致入微，是非常好的解剖医学模型，比西方的解剖医学早了近800年。

针灸铜人除供学医者练习之外，更重要的是用于医官技能考试。

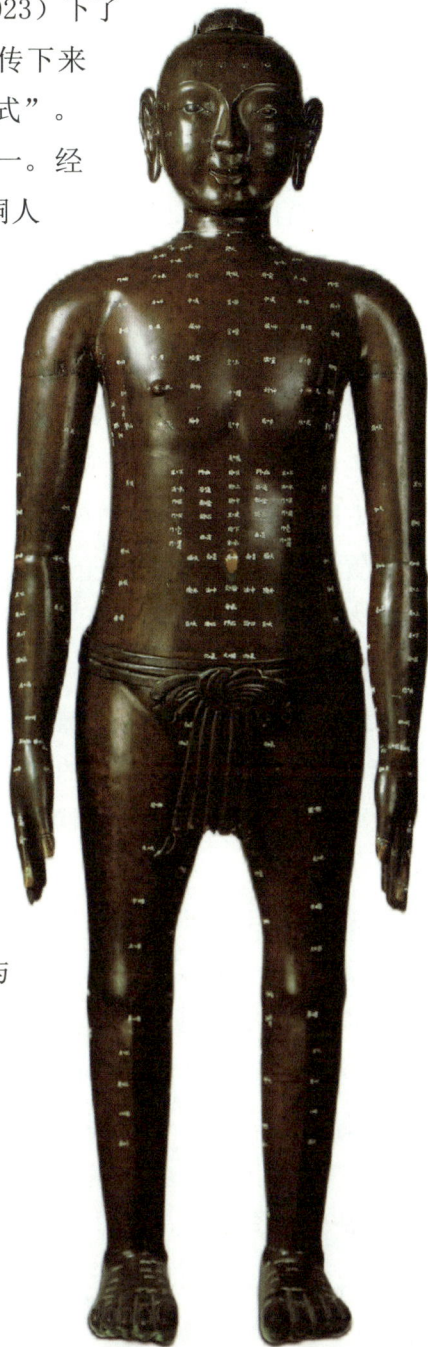

明正统八年仿照"宋天圣针灸铜人"铸造的针灸铜人（中国国家博物馆藏）

考官在考试前将铜人体内灌入水银（或水），外面涂上黄蜡，把铜人体表的经脉穴位全部密封起来，让参试者无法辨识，只能凭借经验下针。如果没有扎准穴位，针会被挡在铜人体外；如果扎到穴位，体内的水银就会流出，出现"针入汞出"的奇观。

这个神奇的现象是如何产生的呢？是因为铜人是双层的，夹层中可以注入水银（或水）。铜人分为上下两截，中间的腰带处有拼接的缝隙，发髻中间藏着注水银（或水）的小孔。铜人的密封性很好，可以保证里面的水银（或水）在很长时间内不会枯竭。

天圣针灸铜人是世界上最早的针灸用铜人模型，也是医学史上的重要创举。作为考试道具，它前后使用了近百年。铜人铸成后，受到仁宗的珍视，成为北宋国宝。一尊放在医官院，用于学医者实习针灸穴位，熟悉人体构造；另一尊置于汴京（今河南省开封市）大相国寺仁济殿，供人参观，宣传医学知识。为了使《新铸铜人腧穴针灸图经》永存于世，宋朝将图经刻于石碑之上，与铜人一起放于仁济殿中。

靖康元年（1126），宋钦宗被迫到金营求和时，金人提出的必不可少的条件之一，就是献出铜人。

北宋灭亡后，两尊铜人相继流落民间。一尊不知下落，另一尊辗转流入襄阳，被京湖制置使赵方之子赵葵得到，献给了宋高宗赵构。若干年后，铜人被蒙古人以纳贡名义索要过去。景定元年（1260），元世祖忽必烈特召尼泊尔工匠修复铜人，四年后又将天圣针灸铜人和《新铸铜人腧穴针灸图

1971年在北京明代城墙中发现的北宋《新铸铜人腧穴针灸图经》刻石（中国国家博物馆藏）

经》石碑由汴京移置元大都（今北京）三皇庙神机堂内，供人观赏。

明初，天圣针灸铜人和《新铸铜人腧穴针灸图经》石碑仍放在三皇庙内。明英宗正统八年（1443），铜人穴位已"昏暗而难辨"，《新铸铜人腧穴针灸图经》也已"漫灭而不完"。于是，英宗下旨重新铸造了一尊针灸铜人，存于太医院所属药王庙内。"正统针灸铜人"高1.88米，全身共有穴位666个，没有经脉路线，穴位上有孔眼，可以刺入。铜人全身结构简单，是一个固定、完整的人体，四肢和头部均不能拆卸。同时，英宗还命人仿制宋《新铸铜人腧穴针灸图经》石刻，定名为《铜人腧穴针灸图经》。不久，英宗为抵御瓦剌进犯，加固京城城墙，将存放在三皇庙内的宋刻《新铸铜人腧穴针灸图经》石碑劈毁，当作砖石砌入墙内。中华人民共和国成立后，在拆除明代北京城墙的施工中，曾发现五方宋天圣《新铸铜人腧穴针灸图经》残石。

明正统、嘉靖两朝都曾铸造铜人，供医者练习针灸使用，天圣针灸铜人被束之高阁。明末战乱不断，天圣针灸铜人从此下落不明。正统针灸铜人是我国目前能找到的最早的针灸铜人。

清代雍正、乾隆两朝都铸造过小型的针灸铜人。乾隆七年（1742），清政府刊行由太医院院判吴谦等人编纂的大型综合性医学丛书《医宗金鉴》。乾隆皇帝特命工匠铸造一批针灸铜人，嘉奖所有编纂人员。铜人是一位妇人形象，身高46厘米，体表有经络与穴位，全身有穴位580个。这批铜人流传至今仅剩一尊，现藏于上海中医药博物馆针灸推拿专题馆。

⊙ 铸造针灸铜人

2017年1月18日，国家主席习近平访问位于瑞士日内瓦的世界卫生组织并会见总干事陈冯富珍时，将一尊用青铜仿制的针灸铜人雕塑作为国礼赠送给世界卫生组织。这尊铜人高1.8米，全身标注有559个穴位，其中107个穴位是一名二穴，共计666个针灸点，可以说是天圣针灸铜人的原型传承。

中国的针灸医术很早就传到了国外。早在南北朝时期，苏州一位名叫知聪的人就携带有关针灸的书到日本，将针灸介绍到邻邦。17 世纪，针灸又传到法国等欧洲国家。1972 年 2 月，美国总统尼克松访问中国后，针灸医学又被介绍到美洲，一些国家出现了学习和应用针灸疗法治病的热潮。近几十年来，日本和法国也成为向世界其他国家传播针灸医学的主要国家。今天，越来越多的外国医务工作者来到中国学习针灸。

中国的针灸学历经数千年不断发展，形成了既有系统理论、又有丰富经验的针灸疗法。其适应病症以神经内科、骨伤科为主，可治疗偏瘫、颈椎病、脑血管病、肩痛、头痛、坐骨神经痛等病症，加之没有副作用，深受人们欢迎。从明清时期开始，为了更好地传承针灸医术，太医院和民间医局铸造了各种式样的铜人，供学医者实践。除前述的正统铜人、嘉靖铜人外，还有雍正铜人、乾隆铜人等，样式上则有青年男子、小孩和妇女。人们对针灸铜人的兴趣历经千年而不减，据统计，1987 年后，我国已成功复制数具具有宋代针灸铜人功能的针灸铜人。针灸铜人作为中华医学文化的象征之一，正在向全世界展示中国独特的医术，述说着针灸的传奇。

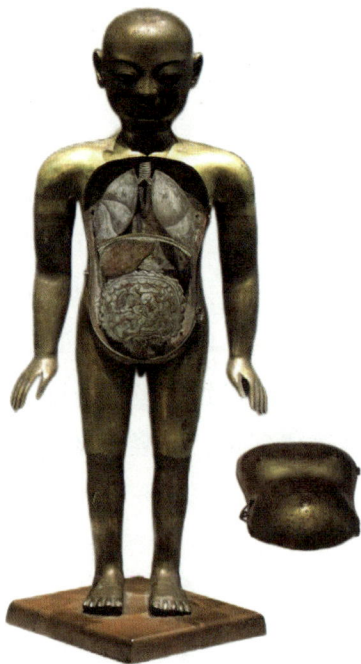

中华民国时期制作的铜人
（中国中医科学院针灸研究所藏）

耀州窑：
北方青瓷的骄傲

黑梦岩

名称：耀州窑犀牛望月纹碗
时代：金
尺寸：高7.6厘米，口径21.6厘米，足径6.3厘米

在「橄榄绿」的青釉釉面上，可以清晰地看见一颗颗气泡，仿佛从湖底翻涌而出，捧在手中如同捧着一汪清水。

青是陶瓷最早的颜色。

商代的某一天，简陋的窑炉里，一滴窑汗*不偏不倚地滴到"赤身裸体"的陶器上，结果这一窑烧出的器物上，都斑斑驳驳地点撒着一些亮晶晶的物质。聪明的古人受到启发，经过反复实验，配置出最早的釉。虽然这种原始釉简单到只需在原有的陶土中加入植物的灰烬即可，但就是这简单的一小步，却是陶器发展的一大步。

从此，陶有了一身青色的外衣，成为釉陶。这身"衣服"一旦穿上，就再也没有脱下。

---

* 窑汗：窑炉内壁产生的一种玻璃态物质。

⊙ 青瓷的过往

东汉末年，瓷器无论在硬度、吸水率还是烧成温度等方面，都已基本成熟。彼时，白瓷还未诞生，绝大多数瓷器都是青瓷，青瓷里的"大佬"——越窑（位于今浙江省宁波市和绍兴市）也在这个时候悄悄登上了历史舞台。

三国两晋南北朝时期，寿州窑、婺州窑、岳州窑、洪州窑相继崛起，青瓷烧得更加纯净，实用功能和装饰功能也结合得更加完美。尤其到了东晋，人们从单一青色的釉面寻求更多的可能性，探索出一种"点褐斑"的装饰工艺，即在素胎上先点绘铁含量较高的褐色斑点，再罩青釉一次烧成，使纯色的釉面有了变化，更具动感，开创了陶瓷釉下装饰的新篇章。

隋代，由于北方胎土中影响成色的金属元素较少的原因，以河南巩义为代表的窑口首先将胎和釉中的铁含量降到极低，让陶瓷的青色渐渐褪去，白瓷正式亮相。至此，青瓷的地位有了变化。随着白瓷逐渐受到世人喜爱，曾经一统天下的青瓷不得不让出一部分市场份额给白瓷。

唐代耀州窑黑釉花卉纹盘
（美国哈佛艺术博物馆藏）

到了唐代，由于白瓷的成熟，终于形成"南青北白"的局面。邢窑（位于今河北省邢台市）烧出的带"盈"字和"翰林"款的白瓷"如银类雪"，越窑烧出的顶级的秘色瓷则"类玉类冰"。一青一白，一南一北，势均力敌。此时的耀州窑（位于今陕西省铜川市）还处于初创时期，产品也较为普通，黑釉、白釉、青釉，各种釉色都有。同时，耀州窑还四处学习，主要学习的对象是越窑。

五代时期，天下纷争，有些窑口已经式微，比如邢窑、巩义窑。然而北方青瓷耀州窑恰在此时学成归来，踌躇满志，找准自己的定位，一下子烧出真正意义上的"天青色"。五代时的耀州窑分白胎和黑胎两种，白胎可塑性强，适合进行"胎装饰"，剔刻就是当时耀州窑最为惊绝的技法，有的剔刻纹饰达六七层之多。黑胎由于胎色较深，基本以素器为主，在胎的表面施加一层化妆土（较细的陶土或瓷土），再罩青釉，烧出的瓷器比后世的汝窑（位于今河南省汝州市）更加"雨过天青"。

五代耀州窑剔花狮嘴壶
（美国克利夫兰艺术博物馆藏）

五代耀州窑青瓷束口碗
（日本东京国立博物馆藏）

入宋以后，迎来窑口大爆发的时期，五大名窑（汝窑、官窑、哥窑、钧窑、定窑）、八大窑系（耀州窑、建窑、龙泉窑、定窑、磁州窑、钧窑、景德镇窑和吉州窑）相继确立，各个窑口如雨后春笋般崭露头角。据考古发掘显示，仅河南省就有1000多个窑口。

宋代道教较为兴盛，道士们的道袍大多也是青色。青色介于蓝、绿色之间，"青，取之于蓝而胜于蓝"。在"五方""五行""五色"中，东方主木属青色，代表生命。青釉在宋代深得统治者和文人士大夫的喜爱，五大名窑中，除定窑（位于今河北省保定市）外，其余四个均属青釉。

宋徽宗时，"雨过天晴云破处"的汝窑被推崇到至高无上的地位。其实，能够反映当时宋代大众生活，在北方使用最广泛的青瓷品种，还要数耀州窑。从五代崭露头角到宋代专攻青釉，耀州窑改进窑炉结构，改变烧造原料，摆脱曾经的青涩，终于烧出自己的"招牌"——橄榄绿。这种青釉釉面玻璃质感极强，不需要放大镜就可以清晰地看见一颗颗气泡仿佛从湖底翻涌而出，捧在手中如同捧着一汪清水。

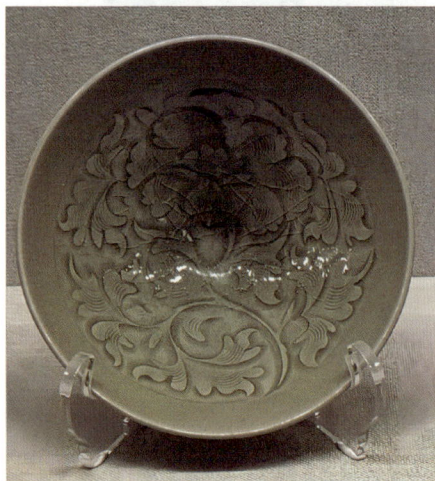

1｜2
3

1. 北宋耀州窑盖盒侧视图
   （中国国家博物馆藏）
2. 北宋耀州窑盖盒俯视图
   （中国国家博物馆藏）
3. 北宋耀州窑青釉刻划折枝牡丹纹碗
   （故宫博物院藏）

⊙ 耀州窑中的典范——犀牛望月纹碗

中国国家博物馆藏有一只金代的犀牛望月纹碗，是耀州窑中的典范。这件碗制作得极为周正，只有最熟练的窑工才能拉出如此惊心动魄的弧度。看似简单的造型，制作起来却并不容易，这是因为早期拉坯用的人力辘轳车并不能像工业时代的电力轮车那样转速快且均匀，规整的器形实属少见。

若观者将视线稍稍调高，便会惊喜于这只碗的碗口设计——聪明的窑工用自己的智慧践行着"人体工程学"的理念。碗口的"起鼓"，人们称之为"唇口"，用起来非常贴合嘴唇。实际上，这样的设计在唐代邢窑已有先例，以后各朝很多窑口都烧造过，只不过制作技法略有不同。唐代的唇口是翻折过来，内空心；而这只碗

金代耀州窑青釉刻犀牛望月纹碗
（中国国家博物馆藏）

的唇口是修出来的，内实心。

越过碗的唇口，豁然开朗，一汪碧翠莹润倾斜而下，颜色过渡极为自然。相比于越窑、汝窑的青，耀州窑的青有一种足以铭心的透。

自三国两晋南北朝时期直到北宋，瓷釉都是石灰釉体系，南宋开始出现石灰碱釉。两者最重要的区别在于石灰釉比较清澈透亮，比如影青釉（釉色介于青、白二色之间）；而石灰碱釉则呈现乳浊状失透感，比如南宋时期的龙泉窑青釉（位于今浙江省龙泉市）。这件金代耀州窑碗依然沿用石灰釉，配制好釉后施于器表，在高温还原气氛下一次烧成。施加这种釉还有一个好处——有利于展示耀州窑独一无二的绝技"半刀泥"。窑工在七成干的胎泥上刀走龙蛇，先用直刀快速把纹样轮廓线刻出，再用斜刀将不需要的部分去除，两刀分别下去，纹样完完整整地呈现在坯体上，这种技法极见功力。现代仿制的刻花耀州窑虽也采用"半刀泥"技法，但现代人将两刀合并为一刀，刻出的效果流畅有余、古拙不足。实际上，"半刀泥"的技法也见于定窑、影青瓷及其他窑口，但因用于制坯的胎土不同，下刀时坯体的干湿度不同，刻出的效果均没有耀州窑犀利深刻。

这只金代耀州窑碗内的"犀牛望月"纹样略微内收，使得纹样和口沿中间有一块留白，是宋末金初的典型特征，菱形开光装饰也流行于金初。关于"犀牛望月"（也称"吴牛喘月"）还有一个有趣的故事：相传晋武帝司马炎有一位叫满奋的臣子，此人满腹经纶、为人谦和。司马炎非常器重他，经常召其入宫议事。然而满奋是个南方人，对北方漫长的寒冬视若猛虎，更畏惧呼啸的北风。一日，司马炎又召他进宫，知道他畏寒，特意命人提前在窗下放好一面琉璃做的屏风。可能是当时琉璃纯度太高，抑或是擦得太干净，琉璃屏风竟像是只有一副空架子。满奋入宫后，司马炎赐座，侍者将座位放在窗下的琉璃屏风前。满奋很是为难，坐吧，怕被风吹；不坐吧，怕司马炎怪罪。司马炎见状哈哈大笑，告知满奋大可放心安坐，琉璃屏风挡风效果很好，不必担心。满奋这才踏实坐下，并自嘲：自己就像吴国的水牛，见到月亮还以为是太阳，疑心太重，被吓得直喘气。"犀牛望月"是非常传统的中国题材，在其他窑口的作品中也屡见不鲜。

金代耀州窑仍然以创烧于唐代的黄堡（今陕西省铜川市黄堡镇）为中心窑场，这一点最能在器物的圈足上体现出来。耀州窑所用瓷土称为"坩土"，在当地储藏丰富、埋藏不深。而且由于当地产煤，"坩土"中铁含量很高，使得烧制出的器物圈足上都有若隐若现的像霉斑点一样的深色析出物。

到了金代，青釉虽然还是主流，但玉质感极强的乳浊状失透感的厚釉——月白釉更加突出。月白釉其实在北宋早期就有烧造，只不过当时青多白少。越往后发展，青色占的比重越少，到金代终于褪去所有青色，化身为一块温润、端庄的"羊脂玉"。这类器物常见于北方金代贵族墓葬中。

金代耀州窑月白釉双系罐
（美国洛杉矶县艺术博物馆藏）

金代以后，耀州窑多生产磁州窑（位于今河北省邯郸市）风格的白地黑花器物，更加符合大众审美，主打亲民路线；到了清代，甚至还生产起青花瓷。如今，陕西省铜川市的立地坡、陈炉等窑场依然烧造着耀州瓷。可以说，耀州窑从唐代创烧至今，从未断烧。

　　青釉是最传统、最原始的釉色，几乎每个窑场都烧，也曾创造过辉煌，但能延续至今的，几乎只有耀州窑一家。耀州窑经历了宋朝百花齐放、独领风骚的辉煌，逃过了元朝"窑口大灭绝"的磨难，应对着一次又一次的挑战，成为坚持到最后的赢家。

明代耀州窑白地黑花仙鹤"寿"字盆
（耀州窑博物馆藏）

铜红釉瓷器：

中国陶瓷史上的一抹中国红

黑梦岩

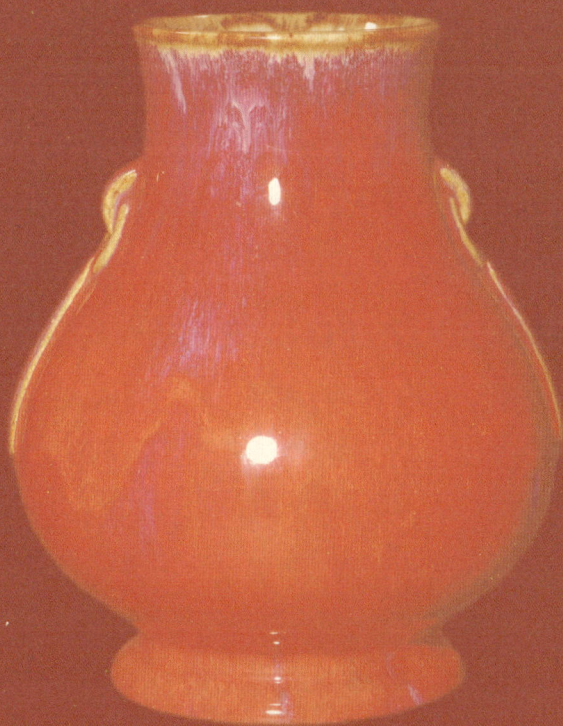

名称：窑变釉绶带耳尊

时代：清

尺寸：高 23.3 厘米，口径 11.1 厘米，
足径 13.2 厘米

红色千百年来和中华民族紧密相连，遍体通红的铜红釉

瓷器像内敛的智者般展现着中国人特有的哲思。

在中国国家博物馆陶瓷馆展厅里，陈列着一件看似普通却极为特殊的瓷器。器物遍体通红，<u>丝丝</u>黑斑顺势而下，几百年的光景似乎没有在它身上留下太多印记。在周围五彩和青花瓷器的映衬下，它像一个内敛的智者般展现着中国人特有的哲思。

　　颜色本身只是一种物理现象，光经过反射或折射投射在视网膜上，人们便看到了颜色，起初这并不具有任何意义。然而，随着人类文明的发展，颜色被赋予丰富的内涵。比如黄色代表光荣、温暖，绿色代表健康、生机勃勃，紫色代表神秘、高贵，粉色代表温馨、可爱等。红色作为最艳丽的色彩，千百年来和中华民族紧密相连，大到国旗，小到学生的红领巾，装点着我们生活的每一个角落。

清雍正窑变釉绶带耳尊
（中国国家博物馆藏）

在中国古代陶瓷作品中，红釉自成一派，分高温釉下铜红釉和低温釉上铁红釉，均属单色釉系。"没有人能随随便便成功"，这一抹红色的背后，有着一段特殊的身世。

⊙ 惊"红"一瞥

繁荣昌盛的大唐是一个开放包容且极富创造性的朝代，此时陶瓷工艺中的"南青北白"（浙江的越窑青瓷、河北的邢窑白瓷）达到顶峰，各种色釉也初见端倪。唐三彩无疑是集大成者，蓝、白、黄、绿，如同调色盘般五颜六色。湖南长沙石渚（今长沙市望城区丁字镇）一带，名不见经传的长沙窑创造性地使用铜作为着色剂，史无前例地烧制出釉下铜红釉瓷器。虽然颜色不很均匀，质地也略显粗糙，但毕竟是人类又一次突破技术上的壁垒，是陶瓷史上的迭代，是大唐落幕、繁华散尽后留给后人最浓重的一笔。

宋金时期，铜红釉品种不多，最有名的便是钧窑（位于今河南省禹州市）。"入窑一色，出窑万彩"的梦幻令人心驰神往，

唐代长沙窑铜红釉执壶
（长沙市文物考古研究所藏）

但在当时却是一款非主流产品。这种红色，实际上是一种窑变。历史上有过窑工将红色窑变釉器当作妖邪之物而砸烂的记载："饶州景德镇，陶器所自出，于大观间窑变，色红如朱砂，谓荧惑躔度，临照而然。物反常为妖，窑户亟碎之。"一个"亟"字，多少反映出宋人对红釉的态度。

元代景德镇窑釉里红转把杯
（故宫博物院藏）

非主流的红釉到了元代才算真正登上历史舞台，这得益于景德镇独一无二的瓷土和得天独厚的地理位置。故宫博物院藏有一件元代釉里红兔纹玉壶春瓶，釉里红烧得眉飞色舞。铜元素经过高温还原后极不稳定，那时的窑工还不太能完全掌握铜红釉的烧造技术，虽然比前朝有所突破，但和后代比起来又稚拙太多。故宫博物院藏的一件元代釉里红转把杯，整体造型属元代典型，但铜红斑块垂流感依然比较强，和前一件玉壶春瓶上铜红的表现一致。虽然珍贵，但又一次印证了元代铜红釉技术烧造的不完美。

到了明代，"重红"文化慢慢发展起来。红色成为当时非常重要的颜色之一。明代"舆服制度"中的红色元素极为明显。比如帝王的常服就使用了红色，明代高级官员的官服也从唐代的紫色变为红色。

经过洪武（1368～1398）年间短暂的过渡，来到了永乐（1403～1424）年间——历史上烧造铜红釉最好的时代。永乐红釉无论从发色、修胎、修足，再到整体器形的把控，都属一流。稍后的宣德红釉和永乐年间的极像，想要区分很多没有款识的铜红釉瓷器是永乐还是宣德（1426～1435）年间的，极为困难。但纵观整体，宣德红釉还是要比永乐红釉稍逊一筹，红的发色不如永乐的艳丽。但无论是永乐红釉还是宣德红釉，若要烧成"朱砂非所拟"般的铜红，都是极为困难的。

明永乐鲜红釉盘
（故宫博物院藏）

在景德镇，流传着这样一个传说。在明宣宗宣德年间，有一天，明宣宗朱瞻基身穿一身红袍偶然间从一件白瓷旁经过，突然发现白瓷被染成了红色，鲜艳异常，于是下旨命御窑厂烧出这种红色瓷器。然而，由于铜红的呈色极不稳定，稍有变异便不能达到预期的效果，要得到比较纯正的红釉十分不易，有时一窑甚至几窑才能烧出一件符合标准的产品。正当窑工们屡烧不成，眼看限期将到，就要大祸临头时，一位窑工的女儿得到神仙托梦，要她投身熊熊燃烧的窑火之中，以血染之便可成功。梦醒后，她乘人不备，投身窑炉，只见一团炽烈的白烟腾空而起，满窑瓷器皆成红色。这个传说虽极富玄幻色彩，但如此逼真而悲壮的故事，充分说明红釉烧之不易，后人为纪念这位烈女，将这种红釉瓷器称为"祭红"。

过去很多人认为永宣红釉巅峰一过，铜红釉便急转直下，事实并非完全如此。明代成化（1465～1487）年间的铜红釉也是可圈可点，其中的佼佼者一点不比永宣红釉差，可惜数量不多，容易被人忽视。到了正德（1506～1521）年间，御器

明宣德鲜红釉盘
（故宫博物院藏）

明成化鲜红釉盘
（故宫博物院藏）

厂时断时续，非常不利于制瓷工艺的传承。虽然正德早、中期还能勉强烧出颜色晦暗的铜红釉，但无论质量还是数量，都已大不如前。至嘉靖（1522～1566）年间，铜红釉的烧造已经非常困难。故宫博物院藏有一件釉里红蟠螭纹蒜头瓶，螭龙上斑驳地飘洒着类似红豆沙一般浅薄的铜红釉。据《大明会典》记载："嘉靖二年，令江西烧造瓷器，内鲜红改作深矾红。"可见，进入嘉靖朝的第二年，铜红釉的烧造便开始用矾红代替。矾红是一种低温釉上铁红釉，烧造相对简单，只需将矾红料画于瓷上进炉烘烤即可，成品率也大幅提升。嘉靖之后的几朝，随着国力的衰败，铜红釉没能再次崛起，和大明一起被淹没在历史的长河中。

明嘉靖白釉塑贴红蟠螭纹蒜头瓶
（故宫博物院藏）

⊙ 再度崛起

　　清康熙（1662～1722）年间，铜红釉再度崛起。这时的国家刚刚改朝换代，百废待兴，各行各业都孕育着巨大的能量，制瓷业也不例外。康熙中期采取了一系列恢复和发展经济的措施，其中就包括由朝廷指派督陶官直接管理景德镇御窑厂窑物。景德镇瓷业的蓬勃发展与此密不可分，一旦时机成熟，各个品种的陶瓷如雨后春笋般应运而生。珐琅彩、粉彩都是康熙年间首创，与此同时，康熙还全面恢复了红釉的烧造。最为著名的是康熙中后期，郎廷极任御窑厂督陶官的时候，为了追慕永乐、宣德（1403～1435）年间的铜红釉，创烧郎窑红。尽管有些郎窑红烧得与永宣红釉非常相似，但因朝代更迭、原料枯竭等原因，不可能完全复刻，总会留有时代的烙印，这也给后人的鉴别提供了依据。

清康熙郎窑撇口瓶
（故宫博物院藏）

康熙朝过后，以粉彩为主要装饰手法的粉彩瓷日渐昌盛，占据陶瓷的半壁江山，相比之下，其他色釉瓷则显得有些暗淡无光。其实，雍正皇帝曾令督陶官唐英创烧一种叫作"仿钧窑变釉"的新品种瓷器，也是以高温釉下铜红做着色剂，初心是为了仿宋代钧瓷。唐英仿中有创，将斑斓的色彩混合在暗红的釉色中倾泻而下，如瀑布般绚丽。

只可惜，这般绚丽也没能维持太久。乾隆朝一过，随着清王朝的衰落，铜红釉再也没有什么创新发展，就连维持之前的品质都很困难。清晚期的红釉颜色往往偏橘色，釉层也没有"清三代"（康熙、雍正、乾隆）的厚实，但清代红釉一直没有断烧，艰难地维持到民国时期。中华人民共和国成立后，景德镇一直为中国保存着这一抹中国红。

青花瓷：

留下『青白』在人间

黑梦岩

名称：青花云龙纹"寿"字盖罐

时代：明

尺寸：通高 54.2 厘米，口径 25.2 厘米，

底径 30 厘米

天青色等烟雨，青花的「青」对应蓝天，「白色的底釉」对应白云，似是一幅幅浓郁的中国水墨画。

⊙ 偷学技艺

忙了一天的法国传道士殷宏绪回到自己的住处，简单用过晚饭后，便开始奋笔疾书，这是他真正的任务。白天，殷宏绪传播《圣经》；晚上，他听从"法国耶稣会"的指令，将利用工作之便搜集到的资料仔细记录下来，并分别于1712年和1722年寄回法国。第一份资料于1716年发表在法国《科学》杂志上，内容震惊了整个欧洲，第二份资料则是第一份资料的补充。资料中言："我在景德镇培养教徒的同时，有机会研究瓷

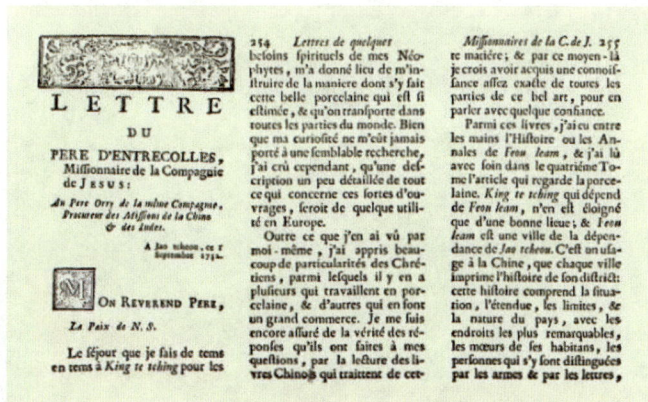

1735年重新出版的殷宏绪信件部分内容

明嘉靖青花云龙纹「寿」字盖罐
（故宫博物院藏）

器的制作方法。制瓷原料是由叫作'白不子'和'高岭'的两种土合成的……精瓷之所以密实，完全是因为含有高岭土。高岭土可比作瓷器的神经。"正是这两份资料的公布，让欧洲彻底揭下中国千年制瓷技术的神秘面纱。特别是青花瓷制作的配方，更是让当时的欧洲欣喜若狂。

"殷宏绪事件"的发生并非偶然，这和欧洲人对中国陶瓷垂涎已久有直接关系。在此之前，欧洲无法制作出硬质瓷器，只能用外观相似但质地为陶的器皿代替。收藏和展示瓷器，是 17 ～ 18 世纪欧洲上层社会奢华生活的重要形式之一。这种质地坚硬、带有浓郁中国特色的器物让欧洲乃至全世界无比着迷，甚至出现波兰国王奥古斯特二世用 600 名龙骑兵换 151 件大型青花瓷的事件。

明万历青花婴戏图圆盒（故宫博物院藏）

荷兰代尔夫特蓝陶

⊙ 何为青花

陶瓷作为出口贸易的重要物资，最早可追溯到唐代。当时出口的陶瓷主要是浙江的越窑、湖南的长沙窑以及河南的巩义窑。而元、明、清贸易出口瓷中，最为大宗的产品就是青花瓷。1785 年，仅一艘东印度公司的货船就可将 5 万件青花瓷运回欧洲销售，船未到港之前，青花瓷已被各路买办预订，可见其令当时的西方世界沉醉的程度。

青花，青为用料，花为纹样，将钴颜料绘于素坯之上，罩透明釉高温一次烧成即为青花瓷，属于釉下彩瓷，最早可以追溯到唐代。1998 年，著名的"黑石号"沉船（沉没于东南亚海域的一艘唐代沉船）出水了 3 件完整的唐代巩义窑瓷盘。经科学检测，这 3 件瓷盘的用料及制作工艺和后来人们熟悉的青花瓷基本一致，可以算是青花瓷的滥觞。可惜盛世大唐的器物实在太过琳琅满目，青花瓷并非一枝独秀，而是成为"沉默的大多数"。

元青花飞凤麒麟纹盘（故宫博物院藏）

宋代受道教影响，青色占据了陶瓷器物的主流，著名的五大名窑中，青瓷占了4个，八大窑系也都以单一釉色为主，青花不在大宋皇帝的审美之列，所以宋代未见有青花瓷出现。

到了元代，青花瓷才算是真正登上历史舞台。元军世代征战于马背之上，对蓝天白云有种天然的亲切感，青花的"青"正好对应蓝天，"白色的底釉"正好对应白云，所谓"耀白了心底，染青了流年"，经典的配色很难让人不爱。此时的青花瓷早已摆脱唐代的稚拙，出道即巅峰，景德镇窑烧制的青花瓷以出色的白釉为纸，以湛蓝的进口钴颜料为墨，将元朝人的率真挥洒于天地之间，似是一幅幅水墨画。

⊙ 青料各异

元代以后，青花瓷的烧造便不再间断，虽绵延不绝，但各时期用的青料却也不尽相同。每个时期特点各异，可分3次大的变革，分别为明早期过渡到明中期，明中期过渡到明晚期，明晚期过渡到清代；有6种青料，即苏麻离青料、平等青料、回青料、浙料、石子青料及珠明料。

苏麻离青料　主要用在元代和明初，明成化中期后消失殆尽。作为一种进口青料，其与海外贸易有着密切联系。元朝人擅长贸易也注重贸易，当江山坐稳后，很快就建立"市舶司"，与各国通商。当时与元朝贸易最为频繁的地区之一是阿拉伯，苏麻离青料也是这个时候从阿拉伯引进的。土耳其的托普卡帕宫博物馆收藏有40件元青花瓷器，是世界上收藏元青花瓷器最多的博物馆。这些元青花瓷器大多为体形硕大的大盘，是当时阿拉伯人的餐具，属于来样订制的一批"定烧器"。有些瓷器上甚至还有阿拉伯文字。经过笔画的比对，学者们认为当时不仅用的青料由阿拉伯进口，甚至很可能有阿拉伯工匠来到景德镇，直接参与瓷器的制作。

明初永乐、宣德（1403～1435）年间，国力强盛，郑和七下西洋，将苏麻离青料源源不断带回国内。此时的景德镇瓷胎，釉烧得更加成熟，青料研

1. 明永乐青花竹石芭蕉纹梅瓶（故宫博物院藏）
2. 明成化青花麒麟纹盘（故宫博物院藏）
3. 明宣德青花蓝查体梵文出戟法轮盖罐（故宫博物院藏）

磨得也更加细腻，烧出的器物整体感觉比元代要精致很多。值得一提的是，虽然元代和明初都用的是苏麻离青料，但明初的苏麻离青料含铁量要比元代高出 40% 左右，烧出的器物"铁锈斑"也比元代重得多。

平等青料　出自江西乐平，又叫陂塘青，明成化、弘治、正德中期以前皆用，正德晚期停用。成化朝将其发挥到极致。当成化早期着色沉稳、发色艳丽的苏麻离青料渐渐被消耗殆尽后，青花瓷用料上的第一次改革便正式拉开帷幕。清淡柔和的平等青料取代了苏麻离青料，成为当时的主流，深受成化帝朱见深喜爱。成化朝的瓷器主打柔雅，勾勒渲染技法的运用让纹饰看起来更加精致细腻，用平等青料渲染过的画面似棉絮一般层层叠叠，当真是"雾里看花"。

回青料　当明正德晚期平等青料也无处寻觅的时候，浓墨重彩的回青料便粉墨登场，这是青料的第二次革命。回青料产自西域，明宋应星《天工开物·回青》中说道："回青乃西域大青，美者亦名佛头青。"其特点是发色浓艳，甚至泛紫。回青不能单独使用，必须加入石子青料才能达到想要的效果。《江西省大志》卷七《陶书》曰："回青淳，则色散而不收；石青加多，则色沉而不亮。每两加石青一钱，谓之上青；四六分加，谓之中青。算青者，止记回青数，而不及石青也。中青用以设色，则笔路分明；上青用以混水，则颜色青亮；真青混在坯上，如灰色；然石青多，则色黑。"这一点，明隆庆朝做得最好，发色艳而不糊，不像嘉靖朝的过于浓烈，也不像万历朝的过于灰淡。

浙料　明万历前期用的还是回青料，但已不似嘉靖朝般浓烈，普遍发色偏灰，到了万历二十四年（1596），回青料用竭，青料迎来最后一次革命，浙料开始使用。浙料产自浙江绍兴、金华一带，发色蓝艳深沉、不晕不散，官窑和民窑皆用，只不过官窑青料淘洗得更加精致。

入清以后，浙料一直沿用。雍正帝和乾隆帝极爱仿古，尤其是雍正帝，仿遍各代名釉，尤爱仿永乐、宣德年间的苏麻离青料。但此时已无苏麻离青料可用，无奈之下，只能用浙料反复点染，使其效果类似苏麻离青料的"铁锈斑"。有些器物和永乐瓷、宣德瓷相比，的确可以乱真。雍正、乾隆之后，由于浙料的使用成熟且稳定，一直延续至民国时期。

石子青料　产于江西，始于元代，终于清康熙早期。当时，元代和明初永乐、宣德的苏麻离青料，明中期的平等青料，明晚期的回青料都属于稀少且珍贵的资源。百姓日用瓷大多还只能用俗称"土青"的石子青料，普遍发色灰暗，不甚漂亮。有些条件稍好的人家会使用由石子青料与名贵青料混合而成的青料烧制的瓷器。如石子青料混合苏麻离青料，石子青

清雍正青花桃蝠纹橄榄式瓶
（故宫博物院藏）

料混合平等青料等。这样会使器物的发色稍有改善，以满足使用者的追求。

珠明料　自明崇祯晚期开始使用，清康熙晚期基本消失。珠明料产自云南、福建、江西等地，煅烧而成，发色极为艳丽，含锰量偏高，层次感很强。珠明料最有代表性的特征就是康熙朝青花的"墨分五色"，用饱含料汁的毛笔一层层滚过瓷胎，再罩透明釉，出窑后如薄纱般的斧劈皴浓淡深浅清晰可见，以一色带万色，最多可分出 9 个层次。

清康熙青花山水人物图盖罐及其局部（故宫博物院藏）

⊙ 独领风骚

中国是最早烧制瓷器的国家之一，千百年来，这些高岭土团成的器物从烟雨如梦的小镇中走来，作为中国的名片，最终登上大雅之堂。如今，江西景德镇以及云南、广东、浙江、湖南、河北、山东等地，依然窑火不断、推陈出新，在探寻仿古技艺的同时，也在不断探索青花瓷更多的表现形式，力求让青花瓷以更加富有活力的姿态展现在世界的舞台上。

成化斗彩鸡缸杯：

『有史以来最贵的一群鸡』

黑梦岩

名称：成化斗彩鸡缸杯

时代：明

尺寸：高4厘米，口径8.3厘米，底径3.7厘米斗彩在明成化朝登峰造极，用料最为讲究，矾红厚实油亮，绿彩晶莹清澈，体现出『明看成化』的雅韵。

⊙ 鸡缸杯的故事

关于鸡缸杯，有一个颇带温情的传说。

明正统十四年（1449），明英宗朱祁镇亲征瓦剌，反在土木堡（位于今河北省怀来县）被俘虏（史称"土木之变"）。英宗之弟朱祁钰在于谦等支持下，打退瓦剌进攻，即位为帝。明英宗的儿子、年仅 4 岁的朱见深被朱祁钰废了太子之位，并逐出紫禁城，身边只带了个随身丫鬟。7 年后，明英宗夺回皇位，朱见深才恢复太子地位。朱见深 17 岁继位，是为明宪宗（又称成化帝）。他的随身丫鬟因为在他最需要安全感和温暖的时候对他照顾有加，因此被封为贵妃——就是比朱见深大 17 岁的万贵妃（小字贞儿）。

成化二年（1466），万贵妃所生的皇子染病离世，万贵妃整日郁郁寡欢。一日午后，朱见深在宫中翻阅到一幅宋代佚名画作，画中一只母鸡带着五只小鸡在觅食，一家子其乐融融，让他顿感一阵暖意，想到了自己的爱妃。他知晓万贵妃喜爱珍玩之物，又见陶瓷上流行的斗彩烧得精绝，就想着何不试试将此画移到瓷器上。他当即命人设计样稿，发往景德镇御窑厂，以斗彩技艺烧造小杯。

约莫数月，朱见深私人定制的斗彩小杯烧制完成。画面一派田园风光，轻松有趣。彩料是当时最好的，用得极为淡雅，胎质雪白细腻，釉面滑润，杯壁薄得可透出影子。杯子在设计上省去圈足这一破坏画面整体感的存在，改为烧制难度更大的卧足，盈盈一握，甚为趁手——这便是日后大名鼎鼎的"斗彩鸡缸杯"。

2014 年 4 月 8 日，苏富比拍卖行上拍一件"明成化斗彩鸡缸杯"，经过激烈角逐，最终由上海收藏家刘益谦以 2.8 亿人民币竞得，这绝对是"有史以来最贵的一群鸡"。

宋代佚名画作《子母鸡图》
（台北故宫博物院藏）

⊙ 各个时期的斗彩

斗彩在明成化朝大放异彩绝非偶然。斗彩工艺是先在素坯上用青花勾勒好所绘图案的轮廓线，罩上透明釉，高温第一次烧成一件青花器；然后再在青花勾勒的轮廓线内用彩料填涂，构成一幅完整的画面，二次入彩炉烘焙成一件斗彩瓷器。

清乾隆（1736～1796）年间，有位叫张九钺的人酷爱陶瓷，做官被贬后游历四方，著有一本《南窑笔记》。其中写道："成、正、嘉、万俱有斗彩、五彩、填彩三种。关于坯上用青料画花鸟半体，复入彩料，凑其全体，名曰斗彩；填彩者，青料双勾花鸟、人物之类于坯胎，成后复入彩炉填入五色，名曰填彩；其五彩则素瓷纯用彩料填出者是也。"此段文字中的填彩，就是今天所说的斗彩，而书中的"斗彩"应该是"青花五彩"。虽然称呼有些错位，但《南窑笔记》依然是首次提出斗彩叫法的著作，极具参考价值。

为何斗彩之名出现得如此之晚？究其原因，是各个年代叫法不同所致。

明代把斗彩统称为"五彩"或"青花间装五色"。西藏自治区日喀则市萨迦寺藏有一件明宣德（1426～1435）时期的青花五彩高足碗，应是当时赏赐之物。碗上大部分纹样用青花和五彩的形式表现，仅莲荷鸳鸯中的鸳鸯翅膀部位用青花勾勒轮廓线，后用黄彩渲染。虽然面积很小，但已是斗彩技艺，算是斗彩的滥觞。

明宣德青花五彩高足碗
（西藏自治区日喀则市萨迦寺藏）

接下来的明正统、景泰、天顺（1436～1464）时期，还没有明确属这三朝款识的瓷器出现，但陶瓷烧造从未停止，也有许多上乘佳作流传于世。考古工作者在景德镇御窑厂空白期地层曾挖掘到很多斗彩残片以及残器，还有一些只画了青花而没有上彩的"半成品"。此时"斗"的面积已逐渐扩大，成为一个单独的品种而被重视，属于斗彩的"发展期"。

由于皇帝的喜爱，斗彩在明成化朝备受推崇，达到登峰造极的地步，使其迅速迎来"成熟期"。当时朝廷大力烧造的斗彩品种不仅有"鸡缸杯"，还有"高士杯""葡萄纹杯""三秋杯"等，皆为名品。此时的斗彩用料最为讲究，使用江西乐平的平等青料，矾红厚实油亮，绿彩晶莹清澈，体现出"明看成化"的雅韵。明朝中晚期，陶瓷开始变换风格，粗细不一——粗瓷供平

明成化斗彩鸡缸杯及纹饰展开图
（台北故宫博物院藏）

1. 明斗彩高士杯（故宫博物院藏）
2. 明斗彩三秋杯（故宫博物院藏）
3. 明斗彩葡萄纹高足杯（故宫博物院藏）

民百姓使用，细瓷供上层名流雅玩。斗彩作为彩瓷的一种，在这个时候没能延续成化时的淡雅清新，而是随了五彩的大红大绿。故宫博物院藏的一件明嘉靖（1522～1566）时期的斗彩小碟，用色鲜艳大胆，只有斗彩的形，却是五彩的神。

入清以后，文化环境发生巨变。康熙二十二年（1683），台湾统一于清朝中央政府的管辖之下后，清朝的江山算是坐稳了，随之而来的便是一阵复古仿古之风。此时景德镇御窑厂郎窑仿的"鸡缸杯"属史上最接近"成化鸡缸杯"的佳作。在故宫博物院，藏有一只长期被认定为成化时期的"鸡缸杯"，直到2016年，经过故宫博物院的专家吕成龙仔细论证，才最终将其确定为"康熙朝仿成化鸡缸杯"，足见康熙朝仿古之惟妙惟肖。

雍正朝虽然只有13年，但雍正皇帝品味高深，雅好古物，故仿古之风极盛。此时的鸡缸杯更注重取其意，而非一笔一画的复刻。画面虽然还是原样，但鸡的画法已有雍正朝风格。

清康熙鸡缸杯（故宫博物院藏）

清雍正鸡缸杯（故宫博物院藏）

清乾隆鸡缸杯（故宫博物院藏）

到了乾隆时期，乾隆帝好大喜功，要求御窑厂烧制仿生瓷。不仅如此，他还命人烧制将 15 种釉彩融汇一体的"各种釉彩大瓶"，技术上已无与伦比。然而做巧容易仿拙难，乾隆朝烧制的鸡缸杯已不见成化时的古拙之感，只能算是"成化鸡缸杯"的变体。

乾隆之后，大清国力整体呈衰败趋势。虽然以鸡为纹饰主题的瓷器生产从未停止，但已和"成化鸡缸杯"没有什么关系，只是一种单纯的吉祥图案，讨个好彩头。

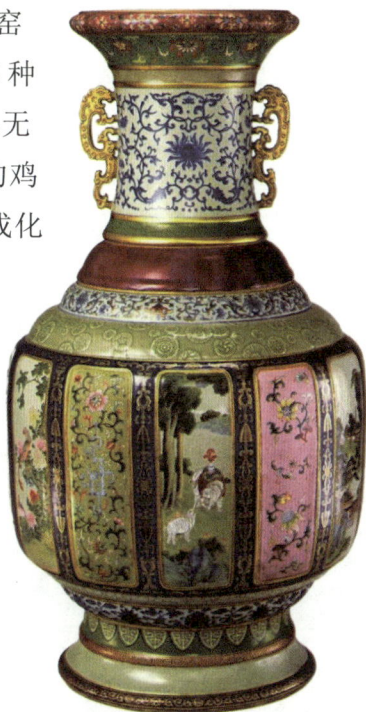

清乾隆"各种釉彩大瓶"及纹饰展开图
（故宫博物院藏）

⊙ 鸡与中国人的生活

鸡在中国人的精神生活和物质需求中都占据相当重要的地位。西汉韩婴在《韩诗外传》里认为鸡有五德："头戴冠者，文也；足傅距者，武也；敌在前敢斗者，勇也；见食相呼者，仁也；守夜不失时者，信也。"很少有人知道，除了五德之外，鸡还有四德，即觅食寻虫无闲者，勤也；一颗一粒拣之者，俭也；吞糠咽草，不图厚酬自求半饱者，廉也；雌则生蛋孵雏者，献也。因此，鸡也被称为德禽。不仅如此，鸡还是十二生肖中唯一的飞禽。

回到现实世界，鸡和人类共处的时间可谓久远——新石器时代，鸡已经来到人们身边。在云南元谋大墩子、河北武安磁山、山东大汶口以及陕西西安半坡等遗址中，都发现了新石器时代的鸡骨。可以说，鸡陪伴人类已达七八千年之久。考古人员也发现许多石器时代动物造型的陶塑，其中就有陶鸡。直至今日，鸡仍然寄托着人们对美好生活的向往。

江苏徐州东甸子北朝墓出土的陶鸡
（徐州博物馆藏）

清代青玉十二生肖俑之玉鸡
（美国纽约大都会艺术博物馆藏）

第五章

国宝吉光

『吴王夫差』青铜剑：
见证春秋战国跌宕起伏的历史

淮南

名称："吴王夫差"青铜剑
时代：春秋时期
尺寸：通长59.1厘米，剑身宽5厘米

在越王勾践与吴王夫差的较量中，均未向对方出剑，

青铜剑较量的背后，实际是综合实力的较量。

2022 年，全长约 1794 千米的京杭大运河迎来了 100 多年来的首次全线通水，引来世界的关注。这是人类历史上开凿最早、规模最大的人工运河，曾在古代中国的南北沟通、中西交流方面起到举足轻重的作用。

在中国国家博物馆于 2020 年 11 月 1 日至 2021 年 6 月 6 日举办的"舟楫千里——大运河文化展"的第一展厅里，陈列着一把闪着寒光、精美绝伦的"吴王夫差"青铜剑，剑体近格处有铭文"攻（工）敔（吴）王夫差自乍（作）其元用"10 字。吴王夫差于公元前 486 年执剑开凿从扬州到淮安的邗沟，成为大运河"第一锹"的开挖者。

⊙ "百兵之皇"

吴王夫差出生在吴国。吴国为姬姓，是周太王之子泰伯后人的封地，周武王时周章始封，都城在今江苏苏州。这里地处长三角腹地，8000 ～ 6000

多年前就曾为人类贡献出陶器做出的米饭，深受上山文化、跨湖桥文化、河姆渡文化、良渚文化浸润。

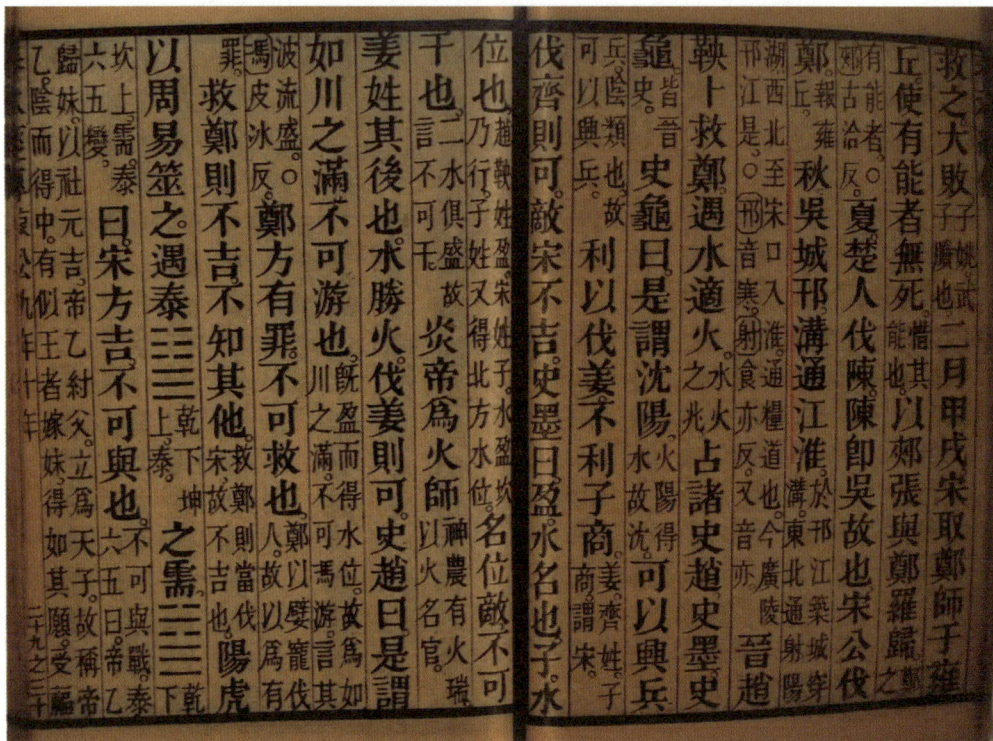

《左传·哀公九年》中记载的"秋，吴城邗，沟通江、淮"

春秋时期，地处江浙的吴、越开始发展，雄霸了东南。吴国和越国的地势都不适合车战，因此对剑情有独钟，铸剑的水平也十分高超。在中国古代十八般兵器中，剑被称为"百兵之皇"，其家族中年纪最长的无疑是青铜剑。在国力强大的吴国，锋利的青铜剑远近闻名。

吴国盛行佩剑之风，击剑活动在当时也相当普及。《庄子》说吴王喜爱击剑，剑术是吴越军队必须习练的技能。吴王夫差的对手越王勾践为了提高部队的战斗力，采取的主要措施之一就是训练士卒提高击剑水平。越女剑的传说反映了越国击剑的风气。

周敬王二十六年（公元前 494），吴王夫差兴兵击败越国。勾践求和，吴王接受。公元前484年，夫差在艾陵（今山东省济南市莱芜区东南）之战中全歼十万齐军。公元前482年，夫差在黄池（今河南省封丘县西南）会盟诸侯，与晋争霸获胜，吴国的发展达到极盛时期。

吴王夫差执剑征战和开凿运河几乎同步。夫差不止开凿了邗沟，《国语·吴语》中还提到吴王夫差"乃起师北征。阙为深沟，通于商、鲁之间，北属之沂，西属之济，以会晋公午于黄池"，即夫差为了西进中原与晋国争霸，于公元前482年开凿了一条名为深沟的运河。这条运河是在菏水（今属山东省菏泽市）故道上所开。此外，夫差还利用长江三角洲天然便利的河湖港汊，疏通了由苏州经无锡、常州北入长江到扬州的"古故水道"，与邗沟相连。

水系相连，加速了中原文化拓展到长江流域的步伐，为多元一体的中华文明和中华民族的形成和发展奠定了坚实基础。

⊙ "吴王夫差"青铜剑有"三绝"

《九歌·国殇》里的"操吴戈兮披犀甲"，表达了屈原对吴国兵器精良的赞叹。"吴王夫差"青铜剑刃极为锋利。据学者程义介绍，苏州博物馆对馆藏"吴王夫差"青铜剑做过测试，在不施加外力的情况下，仅以剑体自身重量，即可轻松割裂12层宣纸，其当年的锋利程度可想而知。

目前发现的"吴王夫差"青铜剑不止一把，中国国家博物馆馆藏的这把"吴王夫差"青铜剑凸显了"三绝"。

一为剑的合金配比。这把剑是复合铸造，即剑脊与剑刃用不同配比的青铜合金二次铸造。剑身中间隆脊有棱，在局部加入不同配比的锡、铅、铁、硫等成分，使其刚柔相济，收分自然。

二为剑菱形纹。将剑放大后观察，能清晰地看到剑身上的菱形暗格花纹。正如记录吴越历史文化的《越绝书·越绝外传记宝剑第十三》中的记载："手振拂扬，其华捽如芙蓉始出。观其钑，烂如列星之行；观其光，浑浑如水之溢于塘；观其断，岩岩如琐石；观其才，焕焕如冰释。"

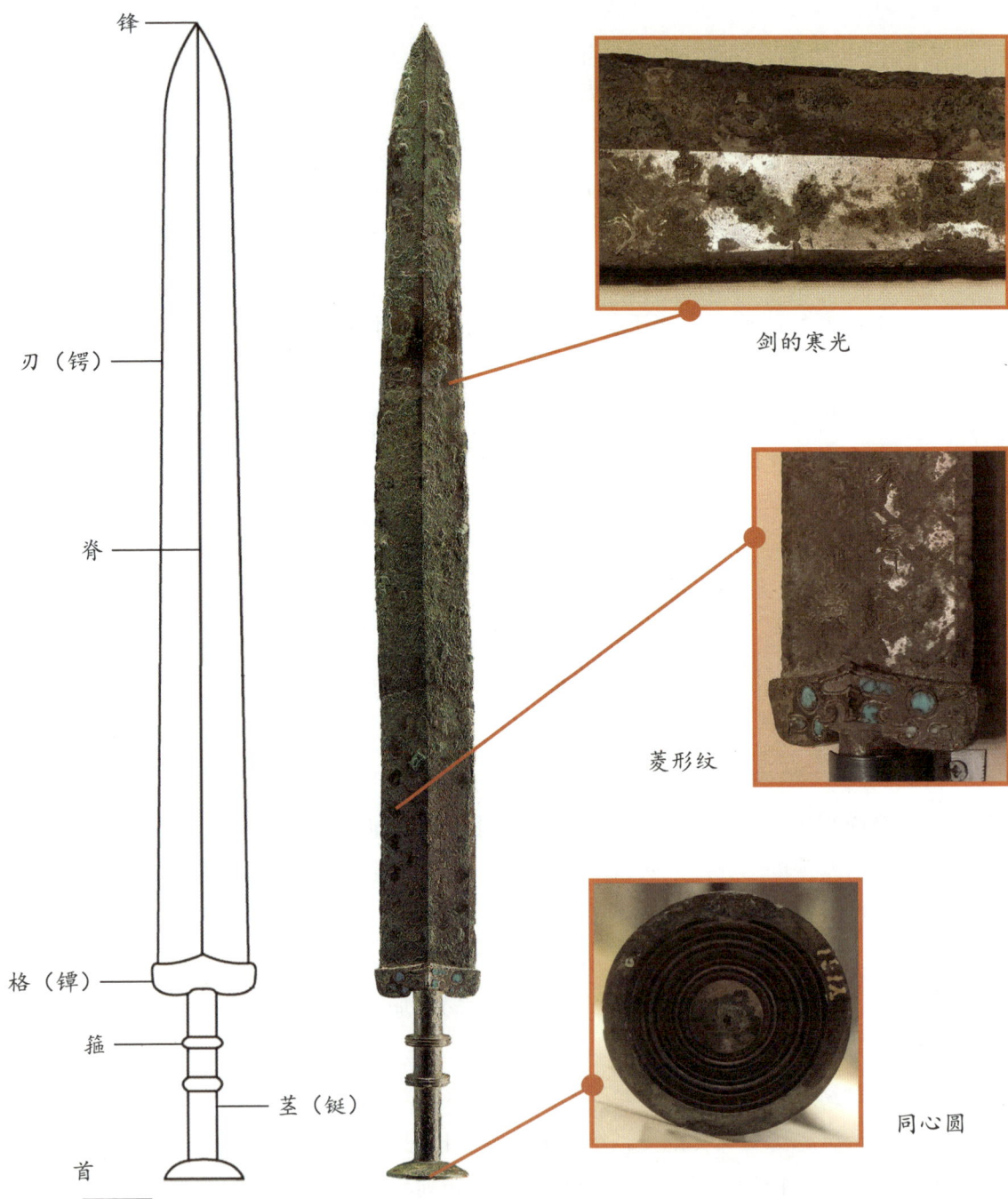

锋

刃（锷）

脊

格（镡）

镱

茎（铤）

首

剑的寒光

菱形纹

同心圆

河南辉县出土的春秋时期"吴王夫差"青铜剑（中国国家博物馆藏）

三为剑同心圆。这把剑有8个圆心槽底。这种同心圆现今可用车床车出来，但对于细密的多圈凸棱，上海博物馆等机构曾多次实验，也难以复制和仿制。

如此"三绝"，除了当地优质的青铜原料和铸造环境外，更重要的是要有优秀的铸剑师的加持。春秋战国时期，出自名家之手的宝剑，被列国君主视若珍宝，甚至不惜为之大动干戈。《越绝书》载，春秋时期，楚王派风胡子到吴国请欧冶子、干将铸铁剑。欧冶子、干将铸成龙渊、泰阿、工布三把剑，晋、郑两国闻而往求，楚王不允，于是出兵围楚，竟达3年之久。

吴剑铸剑师有着传奇的故事。据《吴越春秋·阖闾内传》载，干将和莫邪是一对铸剑的夫妻工匠，吴王阖闾（即吴王夫差的父亲）请其铸剑，他们在莫干山采五山之铁精，候天伺地，开始铸剑。起初总炼不成，这时他们想起自己的师傅也曾遇到此种情况，那时师父、师母俱入冶炉，然后成剑。于

"吴王夫差"青铜剑剑身铭文及拓片

是莫邪"断发剪爪"投于炉中，终于铸出阴、阳两把宝剑，阳曰干将，阴曰莫邪。从此，干将剑和莫邪剑成为后人梦寐以求的宝物。

"吴王夫差"青铜剑的铭文具有较高的文化价值。何为"工吴"？为何古籍文献中要叫"勾吴"？国学大师王国维认为，将"勾吴"当作"工吴"乃中原人所传古籍文献中错记吴音的缘故。

此外，《越绝书》称"吴王夫差"青铜剑为大师铸造。但究竟是哪位大师，也成为后人关注的谜。

⊙ 夫差和勾践：不出剑的较量

勾践、夫差画像石拓片（中国国家博物馆藏）

当"三绝"之剑出现并成为王侯追逐的时尚的时候，孔子正在周游列国，传播和合文化，努力将剑从一种作为力量象征的武器转变为一种礼仪语言。

当时，越王勾践也志在问鼎中原。他与吴王夫差两人始终较量，但两人竟然均未向对方出剑。

青铜剑较量的背后，实际是综合实力的较量。吴王夫差的父亲阖闾于公元前514年上位后，大力发展农业生产，使吴国的综合国力迅速增强。公元前496年，吴王阖闾伐越，越王勾践用计谋大败吴军。据史料记载，越国大夫灵姑浮挥剑斩落了吴王阖闾的脚趾。

吴王夫差为洗雪耻辱，励精图治，

国力进一步增强。公元前494年，吴王夫差在夫椒（今太湖洞庭山）之战中大败越国。但他没有听谋臣伍子胥的进言杀掉勾践，而是将勾践放回越国。

勾践回国后，卧薪尝胆，越国迅速恢复国力。公元前475年，越国兴兵伐吴。公元前473年，勾践攻破吴国都城姑苏（今苏州）。《史记》称此时："越王句践欲迁吴王夫差于甬东，予百家居之。"吴王拔剑"遂自刭死"，时年55岁。吴国灭亡。

夫差拔剑自刎后，勾践以伯侯之礼将他葬在苏州城北阳山，让军士每人负土一筐，遂成大冢。之后，勾践北上与齐晋等诸侯会盟，成为春秋时期最后一位霸主。

⊙ 青铜剑背后的西施

传说美女西施也参与了吴越争霸的较量。当越国称臣于吴国时，越王勾践采纳了大夫文种提出的美人计，将西施献给吴王夫差。西施忍辱负重，成为吴王最宠爱的妃子，"乱吴宫，以霸越"。西施在史料上得到的更多是尊重，自古至今，无人将其比之妹喜、妲己、褒姒之流。《墨子》认为："西施之沈，其美也；吴起之裂，其事也。"美女西施的加入，为"吴王夫差"青铜剑寒光的背后增添了一份家国情怀，释放出一份文化温度。

2006年，"西施传说"被列

入第一批国家级非物质文化遗产名录。依附于吴越争战而产生的西施传说，是对吴越历史文化的民间诠释，对研究春秋史有重要参考价值。其褒扬真善美，崇尚英雄主义和献身精神，对弘扬优秀的人文精神，有积极意义。

明人绘《千秋绝艳图》中的西施像（中国国家博物馆藏）

错金银云纹青铜犀尊：

凝固两千年前犀牛的最美瞬间

杨超

名称：错金银云纹青铜犀尊

时代：西汉

尺寸：高34.4厘米，长58.1厘米

断断续续的金银丝好像犀牛身上的毫毛，金、银、铜三色交相辉映，闪耀着大自然中肉眼无法觉察的光彩。

在中国国家博物馆"古代中国基本陈列"的展厅里，陈列着一件赫赫有名的精美文物——错金银云纹铜犀尊。

尊是我国古代的一种青铜盛酒器，造型多样，其中以动物造型的尊最为形象、最具特色，如羊尊、豕尊、鸮尊、马尊、兔尊、鸭尊、虎尊、鸟尊等。相对而言，犀牛尊比较罕见。

⊙ 造型独特　栩栩如生

错金银云纹青铜犀尊，1963 年出土于陕西省兴平市西吴镇豆马村。出土时，犀尊的肚子内还装有铜镜、带钩、锉刀和花贝等 17 件器物。多数专家推断，犀尊连同这些器物都属于西汉时期的文物。

犀尊造型独特、形象逼真，呈犀牛形，高 34.4 厘米，长 58.1 厘米，体态雄健，昂首伫立，两耳前耸，首有尖利双角；双目嵌以乌黑光亮的琉璃珠，神采奕奕；唇作钩状，嘴边右侧有一细长管状流，又似獠牙；颈部隆起，皮肤多褶皱，层次分明；四足矮壮，肌肉坚实而发达，臀部肥硕丰满，短尾下垂。犀尊背上有盖，与前脊背相连，可自由开合，用以盛酒。通体满饰流云纹，间饰谷纹和涡纹。在粗细花纹线条中嵌以金银丝，以表现犀牛的毫毛。纹饰流畅生动，精湛华美。犀尊造型比例得当，逼真写实，栩栩如生。

　　制作者一定是近距离仔细观察了活犀牛的生动形态，其对细节的处理令人叹为观止。犀牛耳朵边的褶皱可谓毫发毕现，真实还原了犀牛的形体特征。虽为实用重器，却写实生动，表现出工匠在写实

西汉错金银云纹青铜犀尊（中国国家博物馆藏）

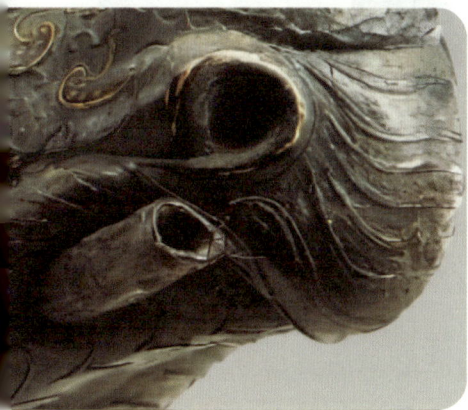

能力上的巨大进步。犀首向左倾斜，展现昂扬之态，打破了对称带来的呆板保守，使之更加传神生动和富有创造性，同时也更加方便倒酒。独特的设计将美学和实用性有机统一起来，可谓神来之笔。

⊙ 工艺精湛 巧夺天工

错金银又称"金银错"，是极具中国特色的青铜器装饰工艺，始见于春秋时期，广泛流行于战国至西汉时期，主要用于制作青铜器皿、车马器具及兵器等实用器物上的装饰图案。其制作过程复杂精细，十分考究。首先在器表绘制好云纹，用坚硬的工具沿着云纹錾出凹槽，然后嵌入金银丝，最后用厝石打磨，使表面平整光滑。这种工艺传承千年，金银的华丽色彩和古朴的青铜器完美相融，交织出典雅华章。这一工艺充分利用金银较好的延展性和引人瞩目的金属光泽，"绘"出千年不褪色的精美纹饰，飘逸灵动、华美无比。

中国青铜文化形成于夏代，经历了近2000年的漫长发展过程。战国后期至汉代中期时，青铜文化已由顶峰逐步走向落幕。但这一时期的错金银、鎏金等铜器装饰工艺发展到极致，涌现出一批造型和纹样都极为考究的铜器精品。犀尊正是错金银工艺的极好呈现。其表面遍饰精细的错金银云纹，断断续续的金银丝好像犀牛身上的毫毛，金、银、铜三色交相辉映，闪耀着大自然中肉眼无法觉察的光彩，装饰效果极强；同时又表现出犀皮粗糙厚重的质感，使纹饰与造型得到完美结合。

⊙ 犀为文德之兽

犀牛与古老的中华文明有着千丝万缕的关系。犀牛象征着高尚的德操，古人视之为文德之兽。同时，犀牛因其雄壮的身躯而被视为力量与威严的象征，常见于古代青铜器和画像石图饰上，为人们所喜爱。

晚唐著名诗人李商隐在《无题》中吟道："身无彩凤双飞翼，心有灵犀一点通。"犀牛看似"笨重"，为何又被称为灵犀？古人把犀牛视为神兽。犀牛的角中央有一条线状的白色纹理，贯穿两端的叫作通犀或通天犀。犀角被认为具有灵异，犀牛被看作灵异之物，故称"灵犀"。

清代犀角透雕盘螭柄杯（中国国家博物馆藏）

古人认为，犀牛是瑞兽，可辟水、治水患，所以很多地方都有"石犀镇水"的古老习俗。同时，犀牛也是一些部落图腾崇拜的祥兽。比如苗族有崇拜犀牛的习俗，犀牛的形象被刻画在各种图腾形象中。

商代小臣艅犀尊（美国旧金山亚洲艺术博物馆藏）

犀牛还被视为辟邪的祥物。古代贵族常制作犀牛形的青铜酒器，以求驱邪避灾，迎福纳祥。犀尊也是庙堂宫室之重宝、尊贵的礼器。

⊙ 犀牛曾在中华大地广泛生存

犀尊的铸造及出土，是犀牛曾在中华大地广泛生存的重要物证之一。事实上，新石器时代遗址中曾多次发现犀牛骨，我国古代众多典籍也记载了犀牛的形迹。

商代"宰丰骨匕"刻辞记载，商王帝乙（或帝辛）六年五月壬午日，王在狩猎活动中捕获一只犀牛，因宰丰有功，便赏赐给他，并将此事记录在由犀牛骨做成的"匕"上。《殷墟文字乙编》第 2507 片甲骨文记载了商王"焚林而猎……获十五兕（雌性犀牛）"。可见那时犀牛在中原大地较为常见。《山海经·中山经》说："琴鼓之山……多白犀。"《山海经·海内南经》提到："兕在舜葬东，湘水南，其状如牛，苍黑，一角。"《战国策·楚策一》云："（楚王）乃遣车百乘，献骇鸡之犀、夜光之璧于秦王。"

正史也记载了犀牛在古代曾经大量生存于我国境内。《史记·货殖列传》写道："江南出柟……犀……"，又记载："九疑、苍梧以南至儋耳者，与江南大同俗，而杨越多焉。番禺亦其一都会也，珠玑、犀、玳瑁、果、布之凑。"《汉书》记载南越王赵佗献文帝"白璧一双、翠鸟千、犀角十、紫贝五百"。《汉书·地理志下》也说："（粤地）处近海，多犀……"可见，西汉前期，江南乃至岭南地区，犀牛是比较常见的。

根据历史地理学家文焕然的研究，上古时期犀牛在我国的分布相当广泛。从战国到宋代，犀牛数量明显下降，分布地从东向西、自北向南急剧减少。到了清末，最后的犀牛种群在云南灭绝。

《汉书·地理志下》记载："平帝元始中，王莽辅政，欲耀威德，厚遗黄支王，令遣使献生犀牛。"王莽辅政时，曾用贵重礼物换取南海黄支国的活犀牛，可见西汉时期，犀牛在中原地区

商代"宰丰骨匕"刻辞
（中国国家博物馆藏）

已很罕见甚至绝迹，否则黄支国不远万里的赠犀行为也就没有意义了。曾在中华大地广泛生存的犀牛为何成了难得一见的珍稀动物乃至灭绝？

首先是气候变化以及人类活动范围扩大的原因。犀牛喜欢温暖的环境，2000多年前，北半球温暖湿润，草木丰美，犀牛遍布。西汉以后，北半球转冷。此外，随着定居农业的发展，农耕地带向外不断延伸，大大挤占了犀牛等野生动物的生存空间。据《孟子·滕文公章句下》记载，武王灭商之后，"驱虎、豹、犀、象而远之，天下大悦"。犀牛被迫南迁，如今仅零星生活在热带雨林和沼泽中。

其次，犀牛皮质地坚韧，用来制作盔甲是非常好的防御装备。用犀牛皮制作铠甲的最早文献记载见于《国语·晋语八》，"射兕于徒林，殪，以为大甲，以封于晋"。春秋战国时期，犀甲是各国武士渴望至极的装备。常年的征战、无节制的使用，导致大量野生犀牛被捕杀。加之犀牛本身的低繁殖率，使其数量迅速减少。

再次，犀角是一味名贵中药材。中医认为，犀角味苦、性寒，能解诸毒，并有定惊安神之功效。据《神农本草经》记载，"犀角……主治百毒蛊注"，这在一定程度上也导致了民间对野生犀牛的捕杀。此外，用犀角雕刻的工艺品还常见于富贵之家中。清代李渔《闲情偶寄》有载："富贵之家，犀则不妨常设，……且美酒入犀杯，另是一种香气。"这些都助长了对犀牛的捕猎。

犀牛在中华大地数量锐减乃至灭绝，也导致历代器物中犀牛形象的变化。魏晋以前，人们塑造的犀牛形象还相当逼真。唐宋以后，由于大多数人并未亲眼见过犀牛，犀牛形象就逐渐失真，以致"牛不牛、犀不犀"。如清代七品武职官员所绣的犀牛补子，看上去更像一头小鹿。可以说，工艺精湛、栩栩如生的错金银云纹青铜犀尊凝固了2000多年前犀牛在中原大地上最美的瞬间。

犀尊及相关文物的出土，佐证了敦厚的犀牛在中华大地迁徙的大致路线，即从中原一带不断南迁，转移至岭南。今天，犀牛这一濒危物种仅生存于东南亚、南亚和非洲的部分地区，我国境内已没有野生犀牛。这令我们更加深刻地体会到尊重自然、顺应自然、保护自然、与自然和谐共生的重要意义。

圆明园青铜虎鎣：

流失百年重归祖国

名称：青铜虎鎣

时代：西周

尺寸：长35厘米，高26厘米，

口径12.6厘米

一念在兹，万山无阻。流落海外一百多年的虎鎣回归祖国，是中华民族走向复兴的见证。

⊙ 国宝归来

2018 年 3 月底，英国肯特郡坎特伯雷拍卖行发布的一则拍卖信息引发海内外舆论关注，拍卖物被疑为我国圆明园流失的文物"青铜虎鎣"。英国《每日电讯报》也发文称，这件稀世珍宝有着 3500 年的历史，是 1860 年英国军官哈利·埃文斯（Harry Lewis Evans）从圆明园抢劫而来。

埃文斯劫掠并收藏于家中的圆明园文物

对此，中国国家文物局多次抗议，要求停止拍卖虎鎣，但它最终还是以41万英镑（约合366万元人民币）的价格被拍出。正当人们失望时，国家文物局收到英国相关拍卖机构邮件，称境外买家希望将文物无条件捐赠给国家文物局。

2018年9月和11月，受国家文物局委托，中国国家博物馆先后两次派出专家团队赴英国对虎鎣进行鉴定。中国国家博物馆研究员于成龙便是鉴定专家之一。在赴英国的路上，于成龙的心情既激动又紧张。下飞机后，他来不及休息，更无心观赏伦敦的秋色，便直奔中国驻英国大使馆。第一眼看到虎鎣时，

2018年9月，于成龙赴英国鉴定青铜虎鎣

浓浓的"中国气息"扑面而来——这种熟悉的感觉让他心头一热，眼眶湿润，心里响起一个声音："就是它！"

流落海外100多年的虎鎣，终于等来了接它回家的亲人。一念在兹，万山无阻。青铜虎鎣被安全运回国后，中国国家博物馆专门举行了入藏仪式。

虎鎣被掠流离海外，是清政府被列强欺凌的耻辱；虎鎣回归祖国，是中华民族走向伟大复兴的见证。从此，中国国家博物馆又多了一件身份特别的国宝。

2018年9月21日，青铜虎鎣捐赠接收仪式在中国驻英国使馆举行

⊙ 鋚为何物

商周时期是青铜器铸造的鼎盛时代。我们熟悉的青铜器有鼎、爵、簋、鬲、斝等，那鋚是什么？

专家认为，鋚是青铜盉的一种别称。青铜盉是古代温酒的铜制器具，形状像壶，有三条腿的，也有四条腿的。前者自名为盉，后者自名为鋚。朱凤瀚先生认为，"自西周中期始，即已有'鋚'的自名。西周晚期至春秋早期，此名称一直使用"。

青铜虎鋚俯视图及顶盖内铭文

这件虎鋚的造型，与西周晚期的季良父盉、伯百父鋚颇为相似。虎鋚长35厘米、高26厘米、口径12.6厘米，圆口深腹，顶加饰虎纹，盖顶盘踞一只虎身龙尾兽。因流管装饰卧虎形象，顶盖内铸有"自作供鋚"铭文，故称为虎鋚。英国剑桥大学的文化学者在拍卖行的定名里，也将它称为"Tiger Ying"。不过，虽名为虎鋚，但造型中又不乏"龙"的特点，其肩后部与肩前部的卧虎造型不同，为龙首衔鋚，肩集龙与虎于一体；其盖边缘为窃曲纹，肩部为连续6组龙纹。

西周青铜虎鎣（中国国家博物馆藏）

青铜虎鎣局部

青铜虎鎣是目前世界上仅存的7件鎣类青铜器之一，也是这几件铜鎣中的极精之品。即使以今天的眼光看，其做工依然精良，充分体现了当时先进的青铜器铸造技术和发达的生产力水平。

⊙ 文物中的虎文化

虎鎣不仅仅是一件文物，更承载了中华文化的记忆。

虎鎣的器盖和管状长流的出口为威武的老虎造型，威猛而不失端庄典雅。器盖内铸的"自作供鎣"铭文，明确了其用于祭祀供奉。有专家认为，使用威猛的老虎参与祭祀供奉，足以证明周人对礼制的高度重视。

距今约200万年，就出现了虎这一物种。在新石器时代，虎开始被华夏先民神化。先有虎文化，后有龙文化，虎文化与龙文化都参与了中华文明的建构进程。

河南濮阳西水坡遗址 45 号墓发现了用蚌壳堆塑的龙、虎造型，说明距今约 6500 年时，虎和龙一样是先民崇拜的神兽。在距今约 5000 年的阴山岩画中，出现孤虎和群虎的形象。《史记·五帝本纪》载，黄帝"教熊罴貔貅䝙虎，以与炎帝战于阪泉之野"。这说明，以虎为图腾的氏族或已出现。

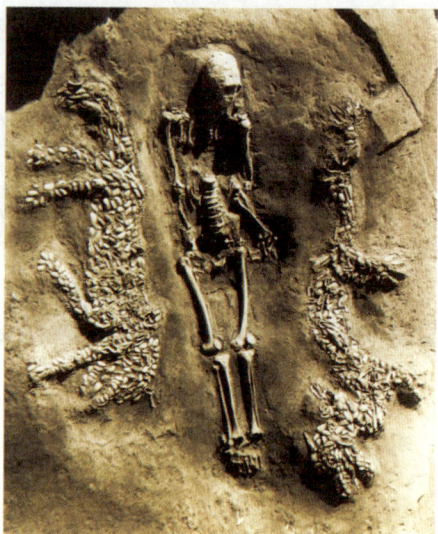

河南濮阳西水坡遗址发现的
新石器时代蚌塑龙虎造型

在先秦的石器、玉器、青铜器中，能看到大量虎的图形和纹样出现。商代的后母戊青铜方鼎和龙虎纹青铜尊上，都饰有猛虎纹。虎的形象装饰还出现在重要的礼乐之器上。而这件虎鎣，其罕见的虎形装饰及精美独特的造型，凸显了商周时期人们对虎的钟爱。

虎为瑞兽。"瑞虎佑安"是中国人的吉祥观念。在我国古代星象学中，人们将天上的星座分为二十八宿，分别归属东方青龙、西方白虎、南方朱雀、

河南安阳殷墟出土的商代虎纹石磬
（中国国家博物馆藏）

河南安阳殷墟妇好墓出土的商代玉虎
（中国国家博物馆藏）

北方玄武四象。白虎坐镇西方，被视为战伐之神。《史记·魏公子列传》中著名的信陵君"窃符救赵"故事流传千古——一枚小小的虎符，牵动着国家和人物的命运。在汉代的铜镜、瓦当、汉画像石等器物或建筑上，都能看到虎的身形。东汉的瓦当以昂首阔步的白虎为图案，意在以白虎之神威镇守府宅。

中国国家博物馆展出的具有游牧民族风格的"西汉虎纹圆形金牌饰"、辽金元时期表现狩猎生活的"秋山玉"，都反映出虎已成为多个民族的文化印记。

南朝陶弘景在《本草经集注》中说："虎头作枕，辟厌恶。"故中国人有将枕头制成虎形的习俗。金代的黄釉黑彩题诗虎枕，刻画的是一只威风的卧虎，虎背上题了戏谑的诗句："白日驮经卷，终宵枕虎腰。无人将尾蹈，谁敢把须撩。"以老虎为形的用品已然进入人们的日常生活。直至今日，人们在春节时贴虎门神，让婴儿戴虎头帽、穿虎头鞋、睡虎头枕，以求镇邪祈福，家宅安宁。

虎是十二生肖之一，代表着强健、勇猛、威风凛凛。各族人民都喜欢老虎的形象，彝族、白族、布依族、土家族等民族至今还留存着很多崇虎的神话和节庆习俗。经过漫长的历史演化与发展，崇虎的文化意识已成为中华民族共同的文化价值。

新石器时代石家河文化玉虎头
（中国国家博物馆藏）

秦阳陵虎符
（中国国家博物馆藏）

⊙ 期待更多流失文物回归

泱泱中华，文明博大。5000多年的文明史，积淀了丰厚的文化遗址、珍贵文物和文献典籍。令人痛心的是，晚清以降，国力衰微，大量珍贵文物流失海外。据不完全统计，目前世界各国公私单位收藏的中国文物总量超过1000万件，这些流失海外的国宝成为时代之痛、民族之殇。

中华人民共和国成立后，党和政府把遏制文物流失、抢救珍贵国宝提上重要议程，建章立制，开启了追索流失文物的新篇章。1949年至今，我国成功促成300多批次、15万余件流失海外中国文物的回归。特别是党的十八大以来，成功促成了包括虎鎣在内的1800余件（套）流失文物返还。近几年，我国流失文物追索返还的国际合作不断扩展深化，流失文物返还的"中国实践"备受世界瞩目。眺望未来，我们期待更多像虎鎣这样的海外流失文物归来。

《女史箴图》：中国美术史的「开卷之图」

杨超

名称：东晋顾恺之《女史箴图》（唐摹本）

时代：唐

尺寸：长 348 厘米，高 25 厘米

从《女史箴》到《女史箴图》，是对美好品德的共同渴求、向往与弘扬，揭示了中国历史和文化中独特的精神气质。

《女史箴图》是中国古代最珍贵的卷轴画之一，被誉为中国美术史的"开卷之图"。画作者顾恺之是中外绘画史上有作品可考证的第一位知名画家。

⊙ 从《女史箴》到《女史箴图》

　　《女史箴》是西晋文学家张华所作的一篇辞赋。晋惠帝时，皇后贾南风专权善妒，据《晋书》卷三十六记载，"华惧后族之盛，作《女史箴》以为讽"。张华借《女史箴》记载妇德来"劝劝"贾后，并借此教育宫廷妇女。在古代，"女史"掌管宫内皇后的各种礼职文书，多由有学问并善书写的妇女担任；"箴"为古代一种格言形式的文体，常有规谏劝教的意义。《女史箴》以历代贤记事迹为鉴戒，是当时"苦口陈箴、庄言警世"的名篇。

《女史箴图》唐摹本第一部分局部
（大英博物馆藏）

| 冯婕妤挡熊 | 女史司箴 |
| 欢不可以渎 | 修容饰性 |

《女史箴图》是为《女史箴》一文所作的插画性画卷，由东晋著名画家顾恺之所作。顾恺之（约 345 ~ 406），字长康，晋陵无锡（今属江苏）人，出身于仕宦之家，曾任桓温及殷仲堪的参军，精通诗文、书画，时人称其"三绝"（才绝、画绝、痴绝），被尊为"画家四祖"之一。顾恺之作画意在传神，主张"以形写神""迁想妙得""悟对通神"，为中国传统绘画发展奠定了基础。《女史箴》原文 12 节，顾恺之所画《女史箴图》亦为 12 段，内容结构趋同，体现了对文章的诠释，绘画形式也显得更加直观。作品描绘女范事迹，有汉代冯婕妤以身挡熊、班婕妤拒绝与汉成帝同辇等；其余各段都是描写上层妇女应有的道德规范，带有一定的说教性质。《女史箴图》成功塑造了不同身份的宫廷妇女形象，一定程度上反映了作者所处时代妇女的生活情景。

⊙ 旷古精绝 流传千年

顾恺之将其洒脱自然的个性、奔放细腻的文采以及丰富的艺术想象力，全部倾注到笔下的人物画创作中，勾画出情韵感人、细致入微的人物心灵世界，造就了他著称于世的"画绝"之名。他发展了老师卫协的人物画艺术，升华了人物画的理论高度并付诸实践。

顾恺之的人物画理论核心是"传神论"，高度重视眼睛在人物绘画中的传神作用。他认为"四体妍媸，本无关于妙处，传神写照，正在阿堵中"。意即人物的四肢画得好坏无关紧要，要传神地画好人物，关键就在"阿堵"，即眼睛上。顾恺之对画人的眼珠十分严谨，认为"点睛"之笔"若长短、刚软、深浅、广狭与点睛之节，上下、大小、浓薄有一毫小失，则神气与之俱变矣"。所以，他的人物画数年不点睛，慎之又慎，一旦点睛，常轰动画坛。

顾恺之的"传神论"以眼神为基点，逐步扩展到周边环境、人的体形和面形等，皆可表现人物的内在精神。他在《魏晋胜流画赞》《论画》两篇论著中全面阐述了"传神论"，这也是中国人物画史上第一批关于人物画创作理论的专著，标志着人物画开始步入成熟阶段。

顾恺之在绘画中运用的线条被称为"游丝描",其运笔匀净且富有活力,显示出生命的律动,极具感染力。唐朝张彦远在《历代名画记》里概括了顾恺之"游丝描"的魅力:"紧劲联绵,循环超忽,调格逸易,风趋电疾,意存笔先,画尽意在,所以全神气也。"

甚为可惜的是,《女史箴图》原作已然佚失。现存于世的是两种临摹本:唐代摹本(现藏于大英博物馆)和宋代摹本(现藏于故宫博物院)。虽是摹本,艺术造诣与价值依然很高。以唐摹本为例,有学者推论其应出自唐代著名画家阎立本之手。画家把顾恺之"游丝描"和"兰叶描"技法线条运行得飘洒怡然、出神入化,成功表现了画面中各种人物的身份、性格和相互关系,尤其是对人物充满生活气息的细节刻画,前所少见。事实上,《女史箴图》唐摹本也被公认为是最接近顾恺之画风的画作,其笔法、色彩颇为传神,成为历代宫廷收藏的珍品,千百年来有序传承。画上有历代帝王和名家的藏印,有金章宗完颜璟御笔《女史箴》原文,有乾隆御笔题写"彤管芳"。

《女史箴图》原画 12 段,但唐摹本流传至今仅存 9 段。宋摹本有 11 段,但整体艺术性稍逊。有学者考证认为宋摹本的后 9 段是临绘唐摹本而得。

⊙ 历尽沧桑 命运多舛

不论是从创作年代来看,还是从艺术价值考量,《女史箴图》唐摹本都更加珍稀。但它的命运却曲折多舛,至今仍孤悬海外,成为大英博物馆三大"镇馆之宝"之一,尚无归期。《女史箴图》唐摹本都经历了哪些曲折坎坷?又为何流落异国?

《女史箴图》唐摹本先藏于唐内廷,由于唐末战乱,流入民间,后被北宋官员刘有方收藏。北宋书法家、书画理论家米芾的《画史》和《宣和画谱》著录了此摹本,宋徽宗政和(1111～1118)年间被收入宋内府(汴京,今河南开封),南宋高宗(1107～1187)年间随迁至宋内府(临安,今浙江杭州),后在宋金交聘中送给金国。金亡后,《女史箴图》唐摹本又折回南宋,为权臣贾似道所得。贾家遭籍没后，重归南宋内府。明代时，曾被严嵩、顾正谊、董其昌、项墨林收藏。清初递经张孝思、梁清标手，后入于收藏家高士奇，乾隆（1736～1796）年间终入清宫。

乾隆皇帝对《女史箴图》唐摹本非常喜爱，1746年将其重新装裱，钤盖大大小小37个收藏章，置于御书房案头，且在卷后画兰花一枝，并御笔题写"彤管芳"。此后，《女史箴图》唐摹本长期被收藏于紫禁城建福宫的静怡轩。慈禧太后当政时期，《女史箴图》唐摹本被移往颐和园。

乾隆皇帝在《女史箴图》唐摹本上御笔题写的"彤管芳"（大英博物馆藏）

1900年，八国联军入侵北京，劫掠颐和园之际，英军第一孟加拉骑兵团的克劳伦斯·A.K.约翰逊上尉（Captain Clarence A.K. Johnson）趁乱将《女史箴图》唐摹本盗走。1902年，约翰逊把画带回伦敦，但他并没有意识到该画的价值。1903年初，他把《女史箴图》唐摹本拿到大英博物馆，想让对方给画轴上的玉扣估价。工作人员给整幅画估价25英镑，约翰逊当时未答应这个价码。两个月后，他致信大英博物馆版画与绘画部管理人西德尼·科尔文（Sidney Colvin），决定接受此价。于是，大英博物馆仅花费25英镑便购得此画，千年国宝自此流落异国他乡。

藏于大英博物馆后，《女史箴图》唐摹本的磨难并没有结束。由于缺乏相关知识，馆方并不清楚怎样更好地保存及展示这幅东方古画，他们按照西方的形式对其进行了改造。2001年，书画鉴定家、原故宫博物院副院长杨新在大英博物馆近距离观摩《女史箴图》唐摹本后曾表示，英国人认为它就是像油画一样应该是挂在墙上的，所以一段一段截了下来，并采用"日式折屏手法"对其进行装裱，最终导致这幅古画出现明显的开裂与掉粉现象。原画上珍贵的题跋也都被裁剪下来，形成历史断层。

《女史箴图》唐摹本画卷被分为3部分：第一部分为原作部分，长348厘米、高25厘米；第二部分为后世添加部分，长329厘米、高25厘米；第三部分为乾隆朝邹一桂所作《松竹石泉图》，长74厘米、高24.8厘米。

《女史箴图》唐摹本第二部分局部（大英博物馆藏）

《女史箴图》唐摹本第三部分（大英博物馆藏）

2013年，大英博物馆召开研讨会，各方专家就将《女史箴图》唐摹本割裂后装裱在木板上的方法进行讨论。为加强对《女史箴图》唐摹本的保护，现在每年仅展出1个月，其余时间入库珍藏。

相较于唐摹本，《女史箴图》宋摹本没有那么曲折的命运。1924年，宋摹本随溥仪出宫，后入藏东北博物馆（今辽宁省博物馆）。1953年，国家文物事业管理局从东北博物馆将《女史箴图》宋摹本调拨至故宫博物院。

⊙ 内容审美与道德教化

《女史箴图》原画12段，唐摹本前3段已佚失。虽然《女史箴》留有全文，但依然不清楚《女史箴图》的第1段具体所绘内容，根据宋摹本可知，第2段是"樊姬感庄"，意为樊姬为了感动楚庄王，不吃禽兽之肉。第3段是"卫女矫桓"，意为齐桓公夫人卫女，不听郑卫之音。

第4段描绘了"冯婕妤挡熊"的景象。据《汉书·外戚传》记载，汉元帝看斗兽表演时，突然一只黑熊越过护栏，直扑元帝。在众嫔妃惊慌失措时，唯有冯婕妤挺身上前，挡住黑熊，保护了元帝。

第5段"班婕妤辞辇"同样典出《汉书·外戚传》。汉成帝欲与宠妃班婕妤同乘辇车，班婕妤坚辞不就。说三代亡国之君身不离宠妃，而贤明之君的左右尽是能臣贤才，以此劝谏成帝亲贤臣、治理国家。

第6段画"武士射雉"，画面右侧高山象征着高尚的品性，意即行善应从小做起，聚土成山；左侧弓箭手象征着施暴行恶，意即人如果变恶则一触即发，犹如发箭射雉。

第7段画"修容饰性"，意为女子除了重视外表，更要注重内在操守的修养。

第8段画"出其言善"，意在教诫女子应知好言善语对维系夫妻感情的重要性。

第9段画"灵监无象"，绘一群女子聊天，神灵时刻在暗察她们的言行。意在告诫人们的一举一动均须恪守规范、不逾矩。

第10段画"欢不可以渎"，男子挥手阻止前来寻欢的女子，提醒男女之间应欢愉有度。

第11段画"静恭自思"，一女子坐而静思，反省言行。

第12段画"女史司箴"，一个女史官面对二女秉笔直书，记述诸女操守。

从《女史箴》到《女史箴图》，似是对女子道德的要求，实则体现了人们对于美好品德的共同渴求、向往与弘扬。它揭示了中国历史和文化中独特的精神气质，有着宝贵的文化价值和艺术价值。

《写生珍禽图》：

『书画皇帝』的水墨花鸟

李竟辉

名称：《写生珍禽图》

时代：北宋

尺寸：纵27.5厘米，横521.5厘米

北宋官廷画院作为一个艺术领域的国家机构，运用艺术而非政治的方式实现着国家的政治、宗教和审美意志。

2009 年 5 月 29 日，北京保利春季拍卖会上，随着拍卖师的一声"成交"，宋徽宗赵佶的《写生珍禽图》被"裁定"给中国商人、收藏家刘益谦，加上佣金，成交价高达 6171.2 万元。作为中国水墨花鸟画的代表作，《写生珍禽图》出自"书画皇帝"宋徽宗之手。流落海外 70 余年后，这件画作终于回到祖国的怀抱。

花鸟画诞生于群雄割据的五代十国时期，由其发展而来的黄、徐两大画派鼎盛于两宋。花鸟画的发展与"宫廷画院"的兴起和发展并行，相得益彰，是中国历史上一段由地方割据向八方归顺、国家大一统过渡的真实写照。

作为花鸟画的代表画家，宋徽宗赵佶将自己的花鸟画融合五代时期花鸟画两大画派的典型特征，创立了独树一帜的"宣和体"，引领画坛近千年，为中国后世花鸟画的发展起到了示范作用。

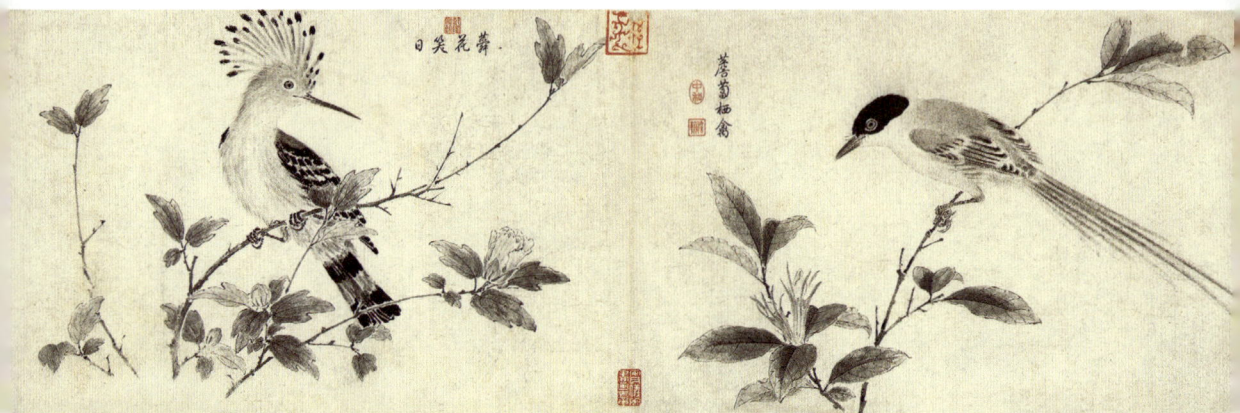

宋徽宗赵佶《写生珍禽图》（龙美术馆藏）

薫風鳥語

杏苑春聲

淇園風暖

碧玉棲

古塞焙紅

辣枝喚雨

⊙ 从五代到两宋：中国绘画史上的"画院时代"

自先秦始，历经秦汉至魏晋南北朝，不同朝代的宫廷中已有"画史""应召画士""尚方画士""御前画师""秘阁待诏"等与绘画有关的身份称谓，到唐代甚至在宫中已有隶属于翰林院的画院。五代两宋期间，画院这一建制最终升级为一个由宫廷管辖的官方机构。

五代时期，西蜀和南唐分别处于长江上游和下游。由于远离中原地区，因此在藩镇割据的动荡年代，获得了相对的安定与发展。

西蜀地区早在唐玄宗为避安史之乱入蜀之际，就不断接收随玄宗而来的众多颇具名望的画家，而唐末入蜀的画家则更多，其中就包括花鸟画黄家画派创始人黄筌的老师刁光胤。大批名家齐聚一堂，使天府之地的绘画创作空前繁荣。

大唐灭亡前夕，以成都为中心的前蜀政权建立。934 年，孟知祥又在成都建立后蜀政权。其子孟昶继位后，网罗生活在蜀地的众多画家，创建翰林图画院。这便是中国绘画史上第一座正式的宫廷画院。当时，画院设有翰林待诏、祗候等职位，黄筌被授予翰林待诏，负责掌管图画院日常事务。孟昶虽然在生活上耽于享乐，但其对文艺的雅好，却使这座中国历史上最早的宫廷画院兴旺地发展了 30 余年。

几乎在同一时期，建立于长江下游地区的南唐政权，继承大唐遗风，在这片山水优美之地兴文教、行科举，发展文化。保大元年（943），热爱文艺的南唐中主李璟仿照西蜀图画院之制，召集流散画家于宫中，亦开设翰林图画院。南唐翰林图画院建制较西蜀更加完备，设有翰林待诏、翰林司艺、内供奉、后苑副使、画院学士等职官，在画院任职的画家先后有上百人。南唐画院稍后于西蜀画院，经过 30 余年，随着南唐政权的覆亡而结束。

五代时期这两座画院的建立，不仅培养了画家、促进了创作，对宋代绘画发展产生了重要影响，画院这一建制本身也为宋代皇家通过艺术手段进行政治统治提供了一条看似不经意、实则更易深入人心的路径。

北宋建立的最初几年，宋太祖已开始招徕画家，并授以画院职官。乾德三年（965），蜀主孟昶携黄筌父子等归宋，极得太祖恩遇，并指定其搜访名画，诠定品目。开宝八年（975），南唐降宋，随南唐后主李煜归宋的画家就包括徐熙之孙徐崇嗣。两个画院中的许多著名画家都各随其主来到京师汴梁，使北宋翰林图画院的阵容空前壮大。

⊙ 花鸟画派："黄家富贵，徐家野逸"

五代宋初时期的两大花鸟画派分别是以黄筌、黄居寀父子为代表的工笔花鸟画派，以徐熙、徐崇嗣祖孙为代表的水墨花鸟画派。北宋著名书画鉴赏家和画史评论家郭若虚称之为"黄家富贵，徐家野逸"。

作为西蜀翰林图画院地位最高的画家，黄筌以他对宫中珍禽的精致描绘所创造的"富贵"画风，建立了宫廷画院的创作典范。这种典范影响深远，不仅西蜀翰林图画院以此为楷模，入宋以后的很长时间，其影响力依然很大。黄筌所画禽鸟造型准确、赋色浓丽、勾勒精细，几乎不见笔迹，似轻色染成，谓之"写生法"。其《写生珍禽图》中对 24 种鸟、虫、龟精细入微的写生，标志着中国花鸟画已具备高超的写实能力，臻于完美。

五代黄筌《写生珍禽图》（故宫博物院藏）

徐熙出身于南唐时的江南名族，一生未仕，于宫廷画院之外独树一帜，是花鸟画"没骨法"的创始人。直接以水墨写画，但要求有渍染扩散之感而谓之"没骨"。其《雪竹图》描绘竹林积雪的场景，作品先以淡墨定物象的轮廓和结构，后略施淡彩，有落墨为格的特点。到徐崇嗣，由于受宫廷画院黄派的影响，改变了唐以来细笔填彩的程式，将墨色改为彩色。

五代徐熙《雪竹图》（上海博物馆藏）

⊙ 宋徽宗：开创"宣和体"花鸟画

作为宋代历史上的第八位皇帝，宋徽宗赵佶在书画领域颇有建树，他亲自主持宋代翰林图画院，教授课程，还将绘画列入科举制度与学校制度，将宫廷画院的建设推向高峰。宫廷画院作为一个艺术领域的国家机构，运用艺术而非政治的方式实现着国家的政治、宗教和审美意志。

宋徽宗还组织人力，致力于收集古今名画，把上自三国时期的曹弗兴，下至宋初黄居寀的作品，共计 100 帙，列为 14 门，总数达 1500 卷，辑成《宣和睿览集》。宋代笔记《铁围山丛谈》的作者蔡绦说，徽宗即位后，着意访求天下书法绘画珍品，自崇宁初年命宋乔年负责御前书画所，后来又以米芾接替他，至崇宁末年，内府所藏已达千件有余。宋徽宗还敕令编撰《宣和书谱》《宣和画谱》。仅《宣和画谱》就有 20 卷之多，作品数量达 6300 余件，分为道释、人物、宫室、番族、龙鱼、山水、畜兽、花鸟、墨竹、蔬果 10 门，并分别加以品评。

宋徽宗个人在绘画上的造诣深厚，他积极吸收黄、徐两大画派的花鸟画绘画技法，将工笔和写意完美融合，创立写生求真、工细入微的"宣和体"绘画风格。他的花鸟画基本可以分为两类：一类是凸显精工富丽风格的黄派传统作品，如《瑞鹤图》《芙蓉锦鸡图》；另一类则是以水墨渲染为主的徐

宋徽宗赵佶《瑞鹤图》（辽宁省博物馆藏）

派花鸟画传统作品，风格拙朴，如《柳鸦芦雁图》《枇杷山鸟图》《写生珍禽图》。

北宋的绘画艺术，尤其是花鸟画绘画技法，在宋徽宗时期达到鼎盛，高手如云，名家辈出，为后世花鸟画的发展提供了参考和借鉴。

第六章

鉴往知远

鹳鱼石斧图彩绘陶缸：

远古时代的英雄赞歌

罗蓉蓉

名称：鹳鱼石斧图彩绘陶缸

时代：新石器时代

尺寸：高47厘米，口径32.7厘米，
      底径20.1厘米

他们以绘画的形式将事迹记录在瓮棺上，通过图腾形象与御用武器的顶级组合来表现首领生前的英勇战功。

以 1921 年河南省渑池县仰韶村遗址考古发掘并命名中国第一支考古学文化——仰韶文化为开端，我国现代考古学已走过百余年历程。彩陶，是仰韶文化的一个标志。新石器时代的先民抟土作陶，绘制图案，再以 800 ～ 1000℃的高温烧成。中华文明在火与土的淬炼中迸发出耀眼光芒，那一抹彩色也被时光定格为永恒的记忆。

⊙ 精美彩绘，为他破例

在河南省伊川县，有一种典型的仰韶文化瓮棺葬具，因发现得较早且数量较多，故习惯性称之为"伊川缸"。伊川缸形制一般为直筒形缸，其造型简单，朴素无彩，底部有圆形穿孔，口外有鹰嘴形泥突，配有半球形缸盖，多用作成年人瓮棺二次葬 * 的葬具。然而，随着 1978 年河南省汝州市阎村一个体形硕大、外壁有着精美彩绘图案的伊川缸的出土，这一常规认知被打破。这件伊川缸也幸运地拥有了自己的名字：鹳鱼石斧图彩绘陶缸。

---

*二次葬：将死者尸骨进行两次或两次以上埋葬的原始社会葬俗。

河南汝州阎村出土的新石器时代鹳鱼石斧图彩绘陶缸（中国国家博物馆藏）

鹳鱼石斧图彩绘陶缸的外表呈红色，作直壁平底圆筒状，高47厘米，口径32.7厘米，底径20.1厘米。画面左侧绘有一只站立的白鹳，喙衔一条鱼；画面右侧竖立一柄石斧，斧身穿孔、柄部有编织物缠绕并刻划符号等。它的主人是谁？为何在死后能够得到这样的特别对待？缸上所绘鹳鸟、鱼和石斧又有着怎样的特殊含义？考古学家经过考证，给出了答案。

鹳鱼石斧图彩绘陶缸属于新石器时代仰韶文化庙底沟类型（公元前4000～前3300）器物。一般认为，在原始部落联盟时期，鹳鸟和鱼分别代表了以鸟为图腾的部落联盟和以鱼为图腾的部落联盟。从伊川缸出土地点的分布来看，呈现环嵩山分布的规律，阎村遗址正位于此区域中心，很有可能是这个联盟的中心部落所在，推测鹳鱼石斧图彩绘陶缸的主人应为鹳鸟部落的首领。这位首领身先士卒，带领鸟部落联盟与鱼部落联盟殊死搏斗，取得了决定性胜利，战功卓著。鸟部落联盟的人民感念首领的伟大功绩，为他破例，将首领生前的英勇战功以绘画的形式绘制在盛装其骸骨的瓮棺上，以此纪念他的英雄业绩。

⊙ 鹳鱼石斧图：笔画勾描尽哀思

如何才能展现这位首领的英勇神武呢？聪明的画师将鹳鸟的形象人格化，和首领的形象合二为一。在画面中，鹳鸟体形硕大，占据画幅面积之最。其双足微微后倾，尖喙衔着一条大鱼，展现了首领身材魁梧，拥有千钧之力，应对敌人举重若轻、手到擒来的场面。

画师用对比和渲染的手法，尽最大可能描绘心目中的英雄和其手下败将的差别。眼睛是心灵的"窗户"，画师将鹳鸟的眼睛画得如铜铃一般，炯炯有神。而鹳鸟口中的鱼儿眼睛就随意一点，毫无生气，面如死灰、放弃挣扎的无奈和颓败之感跃然缸上。

仅仅这样，还不能表达鹳鸟部落对首领的崇敬和怀念。画师采用强烈的色彩对比，将鹳鸟身体涂抹成白色，犹如后代中国画的"没骨"画法，

鹳鱼石斧图线描图

也类似今日人们化妆时所用的高光，目的都是为了更加立体地展现鹳鸟的形象。对手下败将的鱼儿则使用黑色线条勾勒外形，再用白色填充内里。白与黑的对比使得鱼儿的形象在视觉上产生强烈的收缩感。画中用到"没骨""勾线""填色"等中国画的一些基本画法，使得学者将它看作中国画的雏形。

即便这样，画师认为图案还离人们心中那个有血有肉的英雄形象太远。因此，画师为首领绘制了一柄威风凛凛的石斧。在他们的记忆中，首领也许曾高举那象征身份的大石斧，冲锋在前。

⊙ 交汇融合之滥觞：鱼与鸟的交锋

仰韶文化并不是在孤立的状态下独立发展，而是在与相邻近的各种原始文化发生多种联系和相互作用的情况下向前发展的。这一时期，各部族和部族文化间的多元流动与交汇伴随着一系列大大小小的部落战争而实现，鱼与鸟的交锋也历经了多个回合。

在稍早的仰韶文化半坡类型中，鱼纹是最常见的标志性图案。最初的鱼纹写实性较强，后来逐渐演变为一种符号形纹饰。陕西武功游凤遗址出土的彩陶壶上，绘有一条头部巨大的

陕西西安半坡遗址出土的新石器时代人面鱼纹彩陶盆（中国国家博物馆藏）

大鱼，正张开大口，吞食着一只粗颈短喙的小鸟。鸟儿的头部已落入鱼口，身体露在外面，无力挣扎。这一回合，鱼占上风。

在陕西宝鸡北首领遗址出土的鱼鸟纹彩陶壶上，一只水鸟衔住一条大鱼的尾巴，鱼鸟首尾环绕一周，鱼儿在奋力挣扎，交锋进入白热化。这一回合，胜负未分，一切仍有转机。

进入庙底沟类型，鹳鱼石斧图彩绘陶缸上的图案明确昭示着在这场鱼鸟交锋中，鸟占了上风。但鱼与鸟的牵绊，并未止步于此。

也许经历多次交锋的鱼部落联盟和鸟部落联盟意识到：最强的智，是众智；最大的力，是合力。在陕西临潼姜寨遗址二期发现的葫芦瓶上，鱼与鸟和谐地统一于同一画面。在那里，鱼部落联盟与鸟部落联盟和谐共生，风雨同舟，荣辱与共。

陕西临潼姜寨遗址出土的新石器时代人面鱼纹彩陶瓶（陕西历史博物馆藏）

『中华第一舟』：承载中华民族走向星辰大海的梦想

杨起

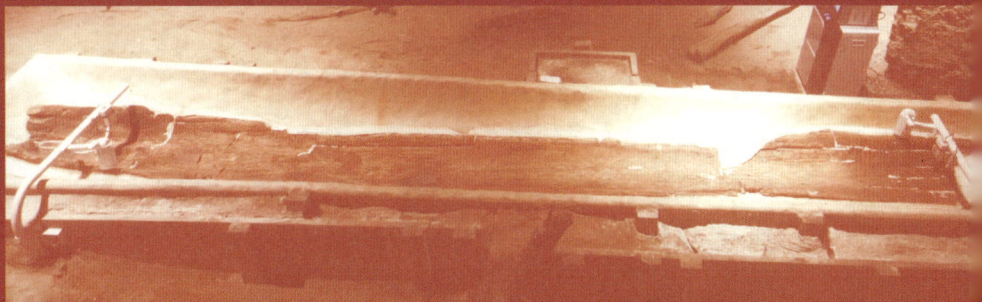

名称：跨湖桥独木舟
时代：新石器时代
尺寸：残长 5.6 米，最宽约 52 厘米八千年前的跨湖桥先民驾着独木舟，探索人类和海洋等自然环境的关系，奠定了浙江人『弄潮儿』的血脉基因。

在位于浙江省杭州市萧山区的跨湖桥遗址博物馆展厅里，展出着东亚地区迄今为止发现最早的一艘独木舟，也是世界上最早的独木舟之一，被誉为"中华第一舟"。跨湖桥遗址距今 8000 ～ 7000 年，是我国长江下游地区一处重要的新石器时代遗址。8000 年前的先民是怎样制作独木舟的？钱塘江畔的古代弄潮儿又是如何乘风破浪、扬帆起航的？

⊙ 8000 年前的独木舟

2002 年 11 月，考古人员在跨湖桥遗址编号为 T0512 的探方的西北角发掘时，发现了这艘独木舟。出土时，舟体前端保存基本完整，后端已被挖失，残长 5.6 米。独木舟前端较窄，宽约 29 厘米；距离前端 25 厘米处，宽度增至 52 厘米，应为船身宽度。舟的前端底面翘起，顶面留有纵向宽度约 10 厘

浙江杭州萧山跨湖桥遗址出土的新石器时代独木舟
（跨湖桥遗址博物馆藏）

米的"小甲板"。这艘独木舟用马尾松制成，通过对舟体木块标本进行碳-14测年，年代距今约8000年，与所在地层的年代基本吻合。

　　船舷仅在船头部分保存约1.1米的长度，其余部位的侧舷以整齐的形式残缺，残面与木料的纹理相合。测量显示，舟体最大内深不足15厘米，底部与侧面的厚度均为2.5厘米左右，整体较单薄。研究人员对独木舟的木块进行变形率（伸缩率、扭曲率）检测，由于独木舟埋藏约8000年之久，深埋于地面5米以下，已出现一定程度的收缩和变形，并在重力下变薄。

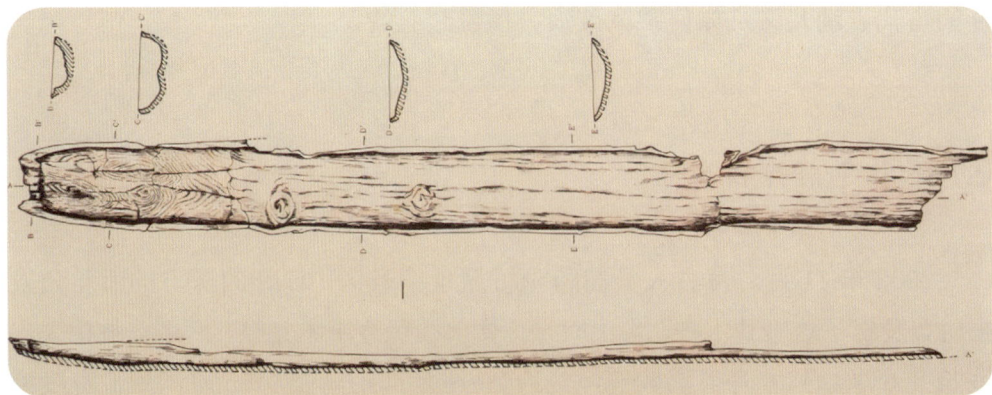

跨湖桥独木舟平、剖面图

　　在独木舟的周围还发现了剖开的木料与制作中的木桨，截面多呈扇形，源于同一木头，最长 280 厘米、宽 8.5 厘米。木桨没有经过使用，呈毛坯状，应为当时的人们就地制作。此外，还发现了类似的具有木桨功能的其他木器。

⊙ 高超的制作工艺

　　在独木舟的周围，发现有砺石、石锛（石斧）与锛柄。石锛是木器制作加工和修理的主要工具。在侧舷，还有数片石锛的锋部残片，应为加工木料时现场崩裂的遗留。独木舟附近堆放了一些长条木料，与独木舟材质一致，应为拼补材料。木舟中部有一个经过修补的孔洞，修补方法是在修整破洞后，以一块大小相当的圆形板状木块覆盖贴合，用树胶粘牢。种种迹象均显示，当时这艘独木舟正处于加工和修理状态。

　　石锛等工具的集中发现，说明跨湖桥先民在使用合适的工具"刳木为舟"。这艘独木舟体态轻盈，底部和船头呈现出规则的上翘弧度，内部更是挖出容量适宜的舱腔，当时单靠锋利程度有限又易崩缺的石锛等工具完成这些是很困难的。在独木舟的底部，还发现了多片大小不一的黑炭面，推知当时采用的辅助方法是火烧，用火焦法挖凿制作舟体。木头烧成炭后，其坚韧程度大大降低，此时再用石锛去凿，就容易多了。

火烧和刳凿，是跨湖桥人制作独木舟的方法。8000 年前的跨湖桥先民即采用火烧和刳凿技术制作独木舟，体现了跨湖桥文化的先进之处。

跨湖桥独木舟的漆胶补洞

☉ 小舟亦可涉大洋

创造独木舟，源于人类对海洋的积极探索，对未知领域的好奇与进取。但小小的独木舟，能否在广袤的海洋中安全行驶？

答案是肯定的。例如，在南太平洋，独木舟一直到现代都是岛屿之间渡海交通联络的主要工具。学界普遍认为，中国东南沿海地区的古代越族是南太平洋岛屿中分布的南岛语族居民的祖先，他们的祖先经中国台湾、中南半岛辗转迁徙至东南亚及南太平洋诸岛，独木舟就是他们向海外进发的工具。

当然，面对风急浪高、变幻莫测的海浪与水文环境，充满创造力的先民也要考虑增加独木舟的稳定性和安全性，将独木舟拼起来使用，常见的做法有两种："边架艇"与"子母船"。边架艇是在独木舟的一边或两边绑扎木架，变成单架艇或双架艇，以增加稳定性。在海洋中航行时，即使遭遇风浪，也不易倾覆。这也是南太平洋地区驾驶独木舟的常用做法。子母船顾名思义，就是将大小两艘独木舟拼接组合起来航行，使得安全性大为增加。

一般认为，独木舟的船头形态，对确定其能否在海洋中安全行驶最为重要。跨湖桥独木舟看似轻盈，但船头起势十分平缓，横截面呈半圆，船底不厚，舱偏浅，属于专家分析的"可能在海岸边使用的独木舟"类型。

跨湖桥独木舟边架艇模型
（跨湖桥遗址博物馆藏）

跨湖桥独木舟出土时，旁边还发现多块小块的苇席状编织物。其中一块保存较好，呈梯形，残面较整齐，完整的一面斜向收边，残幅50～60厘米。奇特的是，这件席编物的中间还编进了有支撑作用的木骨，使其具有展开、伸张功能。据此推断，这一席编物可能是独木舟的残"帆"。

综上，沿海的跨湖桥先民很可能已经驾驶着比较完备的帆舟，辅之以边架艇等装备，在海边甚至向大洋深处扬帆启航，探索远距离、长时间载人渡海，去往更广阔的天地。

小舟亦可涉大洋，现代人也在验证着由简陋的石锛凿出来的独木舟完成航海壮举的可能性。南太平洋诸岛国中的法属波利尼西亚有关人士于2009年成立独木舟协会，筹划以独木舟从南太平洋大溪地漂航来中国。航海活动定名为"寻根之旅"，意即开展南太平洋地区诸岛国（南岛语族）迁徙路线的探源研究。策划人易立亚等选定 1820 年留存的独木舟图纸，用简单的工具，手工仿制成"自由"号单边架风帆木舟。经过募集航海志愿人士及培训备航，"自由"号于 2010 年 7 月 27 日从大溪地起航。为了让航行更加贴近原始状态，船员们不携带任何现代产品上船，辨识方位完全依靠观察星星的位置和洋流走向。航线自东向西，经库克群岛、汤加、斐济、瓦努阿图、所罗门群岛、巴布亚新几内亚、帕劳、菲律宾，历时近 4 个月，航海 1.5 万千米，于 2010 年 11 月 19 日成功到达中国福州，完成了仿古帆舟跨太平洋之旅。

人类制作独木舟，意味着交通方式和运载能力的变革与提升，开阔了视野，开辟了新天地。独木舟是人类探索江海的关键性一步，为进一步认识自然、改造自然奠定了基础。

⊙ 跨湖桥独木舟与"弄潮"精神

8000 年前的跨湖桥先民驾着独木舟，探索人类和海洋等自然环境的关系，奠定了浙江人弄潮儿的血脉基因，凝结着中华文明的智慧曙光。

北宋隐士潘阆在《酒泉子·长忆观潮》中描绘了宋初钱塘江观潮的壮丽景象，其中"弄潮儿向涛头立，手把红旗旗不湿"一句最为惊艳。宋末元初文学家周密的《武林旧事》对此有详细记载："吴儿善泅者数百，皆披发文身，手持十幅大彩旗，争先鼓勇，溯迎而上，出没于鲸波万仞中，腾身百变，而旗尾略不沾湿，以此夸能。"惊涛骇浪中，弄潮儿踏浪立涛，腾挪辗转，红旗不湿。

8000 年回首，跨湖桥先民已离我们远去，但勇于探索、不怕艰险的跨湖桥"弄潮"精神代代流传，生生不息。如今，钱塘江畔的宁波舟山港已成为世界第一大港，"独木舟"已成巨轮，无数梦想由此起航，见证着中华民族昂扬奋发、走向星辰大海的征程。

名称：青铜编钟

时代：战国时期

尺寸：13件编钟的高度依次为30.5厘米、25.7厘米、
      24.5厘米、23.4厘米、21.8厘米、21.4厘米、
      20.3厘米、19厘米、17.6厘米、16.6厘米、
      15.9厘米、15.5厘米、13厘米

历史有着惊人的注脚能力——我们在表达对传统文化敬意的同时，也牵手了『超越传统，打破束缚』的时代美学。

中国国家博物馆"古代中国基本陈列"展厅中，陈列着一套闻名遐迩的编钟，因其第一件钟身铭文"惟䣄篙屈奕晋人，救戎于楚境"而得名䣄篙编钟。

这套编钟之所以声名显赫，不但因为它保存完好、外形精美，更因为它与我国第一颗人造地球卫星"东方红一号"有着一段鲜为人知的缘分。长久以来，众多学者都以为是这套编钟演奏了"东方红一号"在太空播放的乐曲《东方红》。近年来，随着研究的深入，这套编钟与"东方红一号"之间的机缘脉络逐渐清晰。原来这缘分背后，有着两段"不得已而为之"的往事。

⊙ 从"谎言"到"一钟双音"

1957 年，这组䣄篙编钟于河南信阳长台关 1 号楚墓出土。䣄篙编钟为一组 13 件纽钟。第一件钟形体较大，且钟体各部纹饰与其余 12 件略有不同，钟鼓正反两侧铸有春秋时期字体铭文，记载着春秋末年郘黛救陆浑戎于楚国以对抗晋人之事。其余 12 件钟形体逐渐减小，造型纹饰基本相同，钟腔两侧置 36 个乳钉状枚，篆、鼓、舞部为突起变形蟠螭纹，底纹为纤细的旋涡纹、绳索纹相交织。

当年的音乐考古调查小组根据铭文字体推断，这套编钟铸造于春秋晚期，放置于战国时期的墓中。考古学家李学勤根据出土资料，从考古类型学推断，音乐史学家黄翔鹏通过先秦时期的音阶发展规律分析其音阶构成，均得出第一件钟与另外 12 件钟并非同套的结论。据黄翔鹏分析，在春秋早期，统治阶级专用的宴享之乐开始以隐秘的方式使用新的六声、七声音阶。到春秋中晚期，这种新音阶被正式引入钟乐。此时，编钟的形制已转变为纽钟，郘黛便是更加完善地反映七声音阶编钟的典型代表。

河南信阳长台关 1 号楚墓出土的战国时期青铜编钟
（中国国家博物馆藏）

青铜钟发音部位示意图

钟体上的七声音阶从被发现到确认，可谓一场传奇。据第一批前往调查的小组所作的记录，这套编钟不仅与同墓出土的竹简记载的数量一致，出土时完好得"不仅没有伤裂，连轻微的侵蚀锈片也找不到"，因而推测"它的声音可能变化不大"。不仅如此，随墓出土的还有已经损坏的木质钟架、钟槌与铜质的穿钉，呈现出此组编钟悬挂、使用的方式与配件。

此前关于我国先秦乐律与音响形态的猜想大都基于对史料的发掘，而相对匮乏的先秦出土文物资料难以支持史料所陈述的那般绚繁。因此，曶篙编钟的出土意味着我国第一次有机会可以还原先秦编钟的全貌，对于当时的中国考古学界来说，是个令人震惊而兴奋的"空前发现"。

经过复原，调查小组对这套编钟进行了测音，并于1958年领命，录制完成当时红透大江南北的旋律——《东方红》。继承自3000年前华夏先祖的编

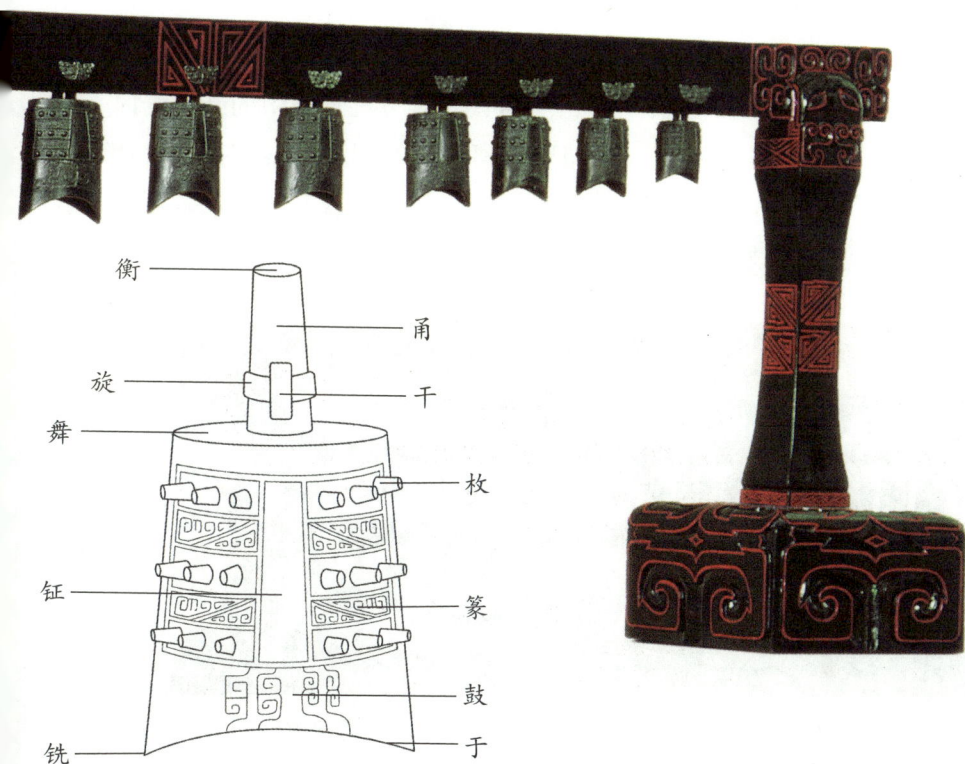

青铜钟各部位示意图

钟音色典雅庄重，一经传播便得到国人的喜爱。它作为中央人民广播电台的开播曲广泛流传，后又被各大车站、学校用来报时。

然而，这段录音资料在公开发布之初，却引发学术界的轩然大波。

作为调查小组成员的音乐史学家杨荫浏在测音工作完成后，于1958年初发表文章《信阳出土春秋编钟的音律》，受到了听过录音资料的学者的质疑。梁易曾撰文提出：此次发布的13个测音结果中，并未包含在实际演奏中发出的"变宫"（即唱名 si）音；在反复聆听编钟版《东方红》后，认为此音"音质不如其他音响亮，音色也不如其他音优美"。这发乎细微的提问，折射出中国学者求真求实、严谨治学的底色。

的确，如同被质疑的那样，在当时，音乐考古学界对先秦编钟的认知依然停留在"一钟一音"上。在演奏录制《东方红》时，专家曾一度为"si"音的缺失而苦恼。然而在不断尝试中，专家们在第二钟的钟枚上误打误撞出这个音高，于是"不得已而为之"，将其录制进乐曲。这也就是为何录音资料中，此音显得暗淡模糊的原因。

这场不得不为之的"谎言"却开启了黄翔鹏的想象力。作为音乐考古小组的一员，1977年，他奔赴晋、陕、甘、豫四省，对考古发掘中的新石器时代、商周时期的古代乐器进行测音。在调研考察中，他逐渐觉察到先秦编钟"一钟双音"的规律。1978年，黄翔鹏明确提出"一钟双音"的看法，并指出先秦编钟的正鼓音与右鼓音呈"纯律小三度"，引发学界激烈讨论。同年，

湖北随州曾侯乙墓出土的战国时期青铜编钟（湖北省博物馆藏）

战国时期的曾侯乙墓编钟出土，这套年代稍晚、规制更为复杂的大型编钟，钟体刻有明确铭文，标注出钟体上双音的位置，实证了黄翔鹏推论的正确性。

1980 年，中国科学院声学研究所对长台关 1 号楚墓䃂篁编钟的正鼓音、侧鼓音进行重新测定，黄翔鹏对测定的频率数据进行分析排定。对这套著名编钟的研究，自此更加深入。

长台关1号楚墓编钟测音结果

单位：音分

序号	出土编号	正鼓音	侧鼓音
1	1-119	b^1+84	$^\sharp d^2+23$
2	1-120	$^\sharp c^2-5$	$^\sharp e^2-29$
3	1-121	$^\sharp d^2-7$	f^2+32
4	1-122	f^2+9	a^2+36
5	1-123	$^\sharp g^2+5$	b^2+17
6	1-124	$^\sharp a^2-7$	$^\sharp c^3-45$
7	1-125	b^2+24	d^3+16
8	1-12	$^\sharp c^3+7$	$^\sharp e^3-50$
9	1-13	$^\sharp d^3-11$	$^\sharp f^3+5$
10	1-14	$^\sharp f^3+37$	$^\sharp g^3+17$
11	1-15	$^\sharp g^3+21$	$^\sharp b^3-8$
12	1-16	$^\sharp a^3-10$	$^\sharp c^4+76$
13	1-17	$^\sharp d^4-57$	$^\sharp f^4-78$

（资料来源：《中国音乐文物大系·北京卷》）

⊙ 同一个世界，同一个时代

河南信阳楚墓䃂篁编钟演奏的《东方红》，就这样成为一个时代的听觉标志，融入一代人的记忆。故而，当我国第一颗人造地球卫星"东方红一号"

从太空传来这段熟悉的旋律，人们自然地认为那是瑁簨编钟的版本。这种看法持续了很多年，甚至在许多学者的回忆中，也都以为这是确凿的事实。直到 2020 年，中国国家博物馆推出"永远的东方红——纪念'东方红一号'卫星成功发射五十周年"云展览，展出"东方红一号"的乐音装置，卫星版《东方红》是电子音乐的事实才大白于天下。然而，对于"东方红一号"乐音装置设计者刘承熙来说，记忆中北京火车站鸣响的编钟版《东方红》，的确是他最初灵感的启发。

"东方红一号"卫星乐音装置
（图片来自中国国家博物馆"永远的东方红——纪念
'东方红一号'卫星成功发射五十周年"数字展览）

1970 年，"东方红一号"成功升空，中国成为继苏、美、法、日之后，第五个独立自主研制和发射人造地球卫星的国家。卫星播放的乐曲《东方红》不但响彻太空，更是经由中央人民广播电台的转播，传遍大街小巷。

据记载，在"东方红一号"上使用电子音乐的方案，在设计之初以"采用可靠性高、工作寿命长、消耗功率小、乐音悦耳嘹亮"的优势胜出。此台乐音装置于 1967 年研发成功，生成的电子乐段时长 40 秒，选取《东方红》

乐曲前 8 个小节，重复演奏两遍，用到 6 个乐音。装置中 6 个高稳定度振荡器分别生成 6 个音高基频，并混以谐波来模拟合成钢片琴的音色，按照程序实时触发和衰减，将这 6 个乐音合成为电子音乐。

"东方红一号"卫星发射升空　　　　　　　　"东方红一号"卫星

钢片琴是发明于近代的西方乐器，电子音乐艺术是西方现代工业社会发展的产物。相较之下，显然古老编钟的音响更符合卫星设计者们的审美，也更能契合当时中国在政治、外交上的迫切需求。然而，最终未能实现的原因是受技术条件的制约。可以想象，这个方案是妥协于技术现实的第二次"不得已而为之"。

真实的历史有着惊人的注脚能力——在如此重大的播放场景中，在寻求表达对传统文化敬意的同时，我们一方面实现了自身的目标，另一方面又无意识地牵手西方音乐"超越传统，打破束缚"的时代美学。

近现代以来，来自西方的考古学、录音技术、现代乐理与中国传统乐理、文献学等交相辉映，碰撞出思考的灵光。音乐考古研究在这一过程中，经由借助西学研究方法为工具，逐渐摆脱对西学论断的依赖，绽放出自主思想的光芒。在这样的路径中，中国古代音乐的音响正在被慢慢复原，逐步找到自己独特的形态。

时间来到 2020 年 11 月 24 日，嫦娥五号探测器发射升空，这是我国首个实施无人月面取样返回的航天器。其上搭载了以汉、英、法、意、韩等 9 种语言演唱录制的歌曲《星光》，以独特的浪漫向世界传递着"共赢共享"的人类命运共同体理念。探测器成功返回地面后，中国国家博物馆收藏了这枚珍贵的、存储了歌曲《星光》的芯片。仿佛是历史的一次回眸，欣慰地照见《东方红》里那段白手起家、卓绝奋斗的岁月。

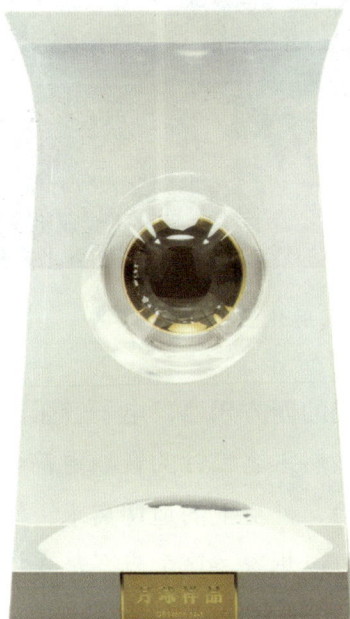

中国探月工程"嫦娥五号"任务采集的
第 001 号月球样品（中国国家博物馆藏）

"星光中国芯"数字多媒体芯片（中国国家博物馆藏）

历劫重光的《聊斋图说》：

讲述真实的「罗刹海市」

胡梅娟　丁贵梓

名称：《聊斋图说》册

时代：清

尺寸：半开纵 52 厘米，横 18 厘米

《聊斋志异》所呈现的反思意识和批判精神，以及彰显的价值观，汇聚成中华优秀传统文化的一部分。

"打西边来了一个小伙儿他叫马骥，美丰姿、少倜傥，华夏的子弟，只为他人海泛舟搏风打浪，龙游险滩流落恶地……"歌手刀郎的歌曲《罗刹海市》备受关注，也引发了人们对其取材的同名短篇小说的讨论。

　　在中国国家博物馆内，有一份珍贵文物以活灵活现的笔触展现了《罗刹海市》中的画面，它就是成书于清光绪（1875～1908）年间的《聊斋图说》。据原中国历史博物馆文物保管部研究馆员吕长生考证，《聊斋图说》由"红顶商人"徐润组织当时的名家高手绘制而成，其插图取材于被现代文学理论批评家钱杏邨誉为"《聊斋》插图本之最善者"的图文本《详注聊斋志异图咏》。作为融合了题诗、聊斋故事和绘画的一本奇书，《聊斋图说》经历了被列强掠夺终又回归的坎坷之路。

《罗刹海市》为清代小说家蒲松龄（1640～1715）所作，讲述了青年马骥因遭遇海难而经历的奇幻漂流故事，收录于蒲松龄的文言短篇小说集《聊斋志异》。

它的故事情节很简单，说是有个商人的儿子马骥，出海营生时遭台风袭击，只身漂流到罗刹国。那里人长相极怪，且以丑为美、以丑选官，人人对长相俊美的马骥避之不及。有一次他把煤灰涂到脸上，扮起张飞舞剑，执戟郎认为这样很美，就让马骥按这样的扮相去觐见皇帝，竟然得到了重用。但每天隐藏真面目，让他苦闷。同时，人们也慢慢开始窃议他的长相是假扮的，马骥遂弃官而去。后来，马骥来到海市，见到了许多奇珍异宝，并受到截然不同的对待。他被龙王招为驸马，并与龙女生有一男一女。后因仙尘相隔，龙女不能来到人间，马骥遂与儿女相依为命。

《聊斋图说》中的《罗刹海市》

蒲松龄眼中的罗刹国和海市，同为异域，但对美丑的认知却截然相反，产生了强烈的对比：一个重外貌，不重文章，而且美丑颠倒；一个环境优美，政治清明。后者无疑是他的理想寄托，但这样的国度在当时无法实现，所以作者不禁发出"当于蜃楼海市中求之耳"的哀叹。

蒲松龄画像

蒲松龄的一生郁郁不得志。他19岁应童子试，县、府、院都考了第一名，随后却屡试不中。直到康熙五十一年（1712）初冬，已71岁高龄的他，仍冒着严寒，到山东青州府去考贡，最终获得"岁贡生"的功名。科举的无望，仕途的渺茫，又加之他近四十年作为塾师寄人篱下的生涯之苦，终使他在72岁时放弃科举考试，辞去塾师之职，回到淄川老家，三年后去世。

作为蒲松龄倾注半生心血创作的志怪传奇小说集，《聊斋志异》共计近五百篇故事，包含狐鬼花妖、奇闻轶事、讽喻世情、劝善教化等题材。因其奇特的构思、曲折的情节和丰富的想象被译成多种文字，在海内外广为传播。

《聊斋志异》体现出蒲松龄对世风的揭露与讽刺。它所呈现的反思意识和批判精神，以及彰显的价值观，汇聚成中华优秀传统文化的一部分，为建设中华民族现代文明提供了丰厚的文化资源。

山东淄博蒲松龄故居

⊙ 失而复得的《聊斋图说》

《聊斋图说》原本共计四十八册，现存世四十六册。每册为折叠式装裱，上下木夹板，封面、封底均裱以织锦，非常精美。封面题签"聊斋图说"，其下皆以小字楷书每册的编号。

翻开《聊斋图说》的内页，共绘有《聊斋志异》故事篇目 420 个，绘图 725 幅。每篇故事的页数多少不等，每一页均为半开绘图、半开文字。

《聊斋图说》内容抓住每一个故事的精彩主题，把其中矛盾最突出、最紧张、最揪心的一刹那描绘了出来。它成功地刻画了许多由花妖鬼狐幻化的少女形象，以《婴宁》《小翠》等最为突出。其图描绘精

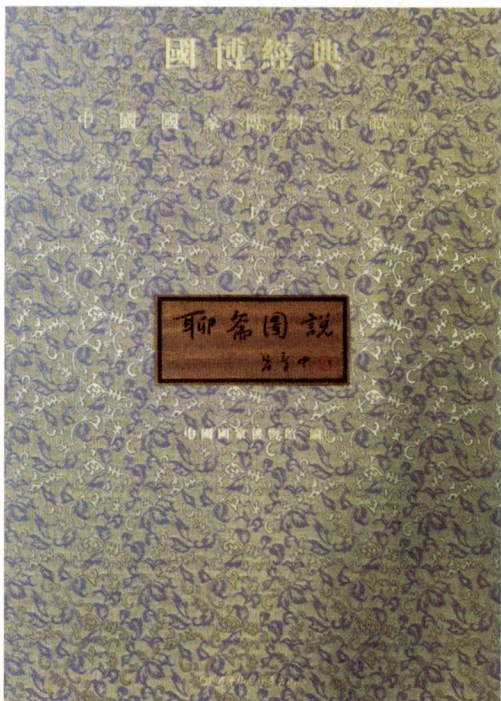

《聊斋图说》限量珍藏版封面
（中国国家博物馆藏）

致，工笔细腻，色彩浓淡得当。不但画出了人物的外表美，人物的心理活动也跃然纸上。其文字内容上半部分是编绘者题诗，下半部分为故事内容的缩写。一首题诗、一个故事、一幅绘画，可谓图文并茂、形象生动，让人对每一篇聊斋故事的主人公和大概内容都能一目了然。

徐润，字润立，号雨之，别号愚斋。1881 年，他被清政府委任为兼办开平矿务局会办，先后在上海、天津及河北等地经营房地产。徐氏资本雄厚、声名显赫，光绪八年（1882）与从弟徐宏甫等在上海集资创办了中国近代最早的新式民族出版企业同文书局，后又合办广百宋斋印书局。

《徐愚斋自叙年谱》光绪十一年条云："广百宋斋经理王哲夫先生，并

朱岳生、许幼庄，以钢版、铅版选辑朱批雍正上谕、九朝圣训，绘图三国演义、聊斋、水浒、石头记及缩本《康熙字典》，分售于上海，并托抱芳阁寄销。"这里所说的"绘图聊斋"，即《详注聊斋志异图咏》，由同文书局在光绪十二年（1886）刊行。该书共八册十六卷，为原书431篇故事配了444幅精美绣像。这些图画荟萃当时名手而成，楼阁山水、人物鸟兽，各尽其长。每图俱就篇中最扼要处着笔，嬉笑怒骂，神情毕肖，体现了同文书局追求高品质的出版定位。

《聊斋图说》或原样用《详注聊斋志异图咏》图稿，或以其为基础进一步精练加工，均敷色着彩绘制而成。所以，《详注聊斋志异图咏》之图创作出版的光绪八年至十二年之际，是《聊斋图说》之图开始创作绘制年份的上限。

徐润作为商业家，资本雄厚，又学习西方石印技术，"酷嗜图籍"，有收藏"古董玩器、字画书籍"的爱好。因此，以《详注聊斋志异图咏》之图为底本而成的《聊斋图说》的总策划者就是这位徐润，也合情合理。清末之际，作为全国出版中心的上海，"书店如雨后春笋"，徐润的同文书局有幸受命"内

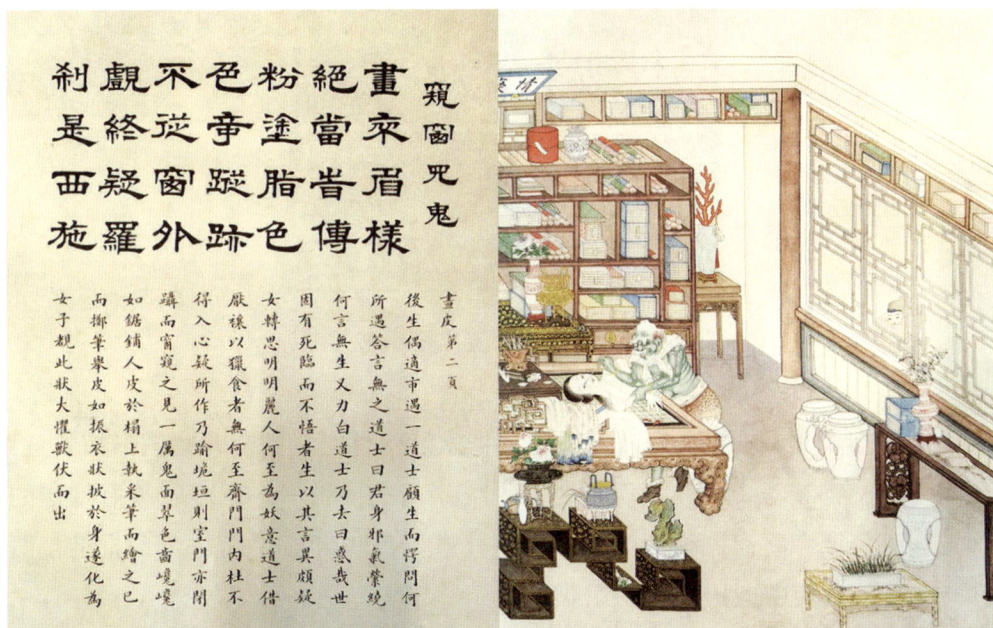

《聊斋图说》中的《画皮》

廷传办"石印百部《图书集成》，可见其与内廷关系非同一般。

缘于此，关于绘制《聊斋图说》四十八册本的缘由，在无文字佐证的情况下，吕长生推测：一是呈送清朝某位官员的；二是进呈清代内廷的；三是为慈禧太后祝寿的献礼。《聊斋图说》绘成的次年，即光绪二十一年，正值慈禧六十整寿。

进入 20 世纪，家国动荡、风雨飘摇，这套珍贵画册也命途多舛。1900 年，八国联军侵华，京、津陷落之际，《聊斋图说》被沙俄掠走。直到 1958 年 4 月 19 日，苏联对外文化联络委员会才将《聊斋图说》手本（46 册）和木刻选集《刘知远诸宫调》手本（42 页）归还中国驻苏联大使馆，并以附件形式详细记述两件文物的数量、完残情况。

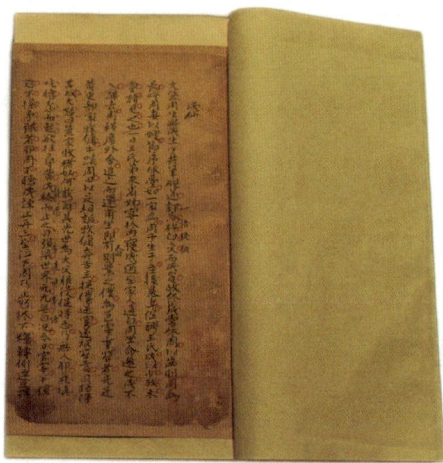

《聊斋志异》手稿（辽宁省图书馆藏）

1958 年 7 月，中央人民政府文化部把上述两件文物拨交北京图书馆收藏。同年，《文物参考资料》第 7 期赵万里《崇高的友谊——记苏联政府赠送的刘知远诸宫调和聊斋图说》一文，记述其事。1959 年，经有关部门批准，两件文物全部拨交中国历史博物馆收藏。

⊙ "让文物活起来"

　　我国是文物大国，截至 2023 年，拥有不可移动文物 76 万余处、馆藏文物超过 1 亿件（套），文物数量大、种类多。作为民族智慧的结晶、人类文明的瑰宝，文物是我国悠久历史文化的见证和重要载体，是维系中华民族团结统一的重要精神纽带，是不可再生、不可替代的宝贵资源。

　　如何做好文物的整理保护工作，加强文物的研究阐释，并提高文物展示的传播水平，"让文物活起来"，是文物保护工作者们从未放弃思考和追寻的事情。

　　文物的保管、养护、修复、复制，是中国国家博物馆的基础工程。国博文保工作有着半个多世纪的积累。1950 年，国立革命博物馆筹备处（中国革命博物馆前身，2003 年，中国历史博物馆和中国革命博物馆合并组建成为中国国家博物馆）成立不久即组建革命文物复制机构，开革命文物复制先河。1952 年，北京历史博物馆建立文物修整室，奠定了国博文物保护修复工作的基础。20 世纪 60 年代初期，自然科学开始应用于馆藏文物的保护修复，中国历史博物馆和中国革命博物馆（国博前身）成立文物保护实验室，后来组建文物科技保护部。2018 年，国博在原文物科技保护部与艺术品鉴定中心科技检测室的基础上组建国博文物保护院，使文物保护工作进入全新的时代。

　　经过一代代文保人的努力，143 万件文物，在这所国家级"文物医院"获得全方位"健康服务"，《聊斋图说》也在其中。修复后《聊斋图说》曾于 2011 年在国博展出，共计 40 幅画面，后人幸可一睹其真容。

　　近年来，博物馆依托新兴科技，完善文物保护修复管理系统建设，推进智能辅助修复走向成熟，让文物被感知，会说话，逐步实现文物保护智能化。比如，上海博物馆文物保护科技中心利用人工智能技术修复出土的绿松石牌饰，国博开展文物三维数字化项目，拓宽文物复制的途径和方法。利用 X 射线探伤、拉曼光谱仪、紫外诱导可见发光成像等修复清代圆明园同乐园建筑群样式雷烫样……在科技手段加持下，"文物保护神"们各显神通，让古老工艺不再蒙尘，焕发新生。

无论是文物保护工作者们孜孜不倦的探索，还是《罗刹海市》《中国奇谭》《只此青绿》等形式新颖的文艺作品的"出圈"，抑或是"飞越《清明上河图》"等传统文化主题沉浸式体验和数字技术赋能"云游博物馆"的爆火，都表明传统文化正以新技术、新手段、新形式融入人民群众的生活，才能更好地发挥作用。

观众在中国国家博物馆参观

　　传统文化是一座丰富的矿藏，它具有跨越古今、凝聚共识的精神内核，其丰富内涵和深刻思想始终可以挖掘，关键在于如何挖掘。中华优秀传统文化创造性转化、创新性发展，绝不是要一味地"送餐式""填鸭式"灌输，而是要充分汲取中华民族文化养分，不断从中华文化宝藏中挖掘与当代文化话语体系、新时代价值精神相适应的题材资源，最大程度地激发情感共鸣与价值认同。

　　《只此青绿》共情于普通匠人，《中国奇谭》凝聚着东方哲学，《罗刹海市》予人以美好憧憬……一场场传统与现代的"双向奔赴"，正是中华优秀传统文化无穷魅力的印证。只要给予契合时代的新的理解、赋予新的意味，就能让它散发出源源不断的活力。与时代相结合、回应时代，与人民群众建立情感连接并引发共鸣，这或许就是《罗刹海市》深入人心的秘诀所在。

葡萄美酒夜光杯：从殊方共享到中国故事

名称：金背瑞兽葡萄镜
时代：唐代
尺寸：直径 19.7 厘米

通过葡萄的流传，也能读出不同文明的共享与汇融，

见微知著，酌古准今。

穿越千年的历史长河，当地中海西岸的古罗马人正陶醉于他们称之为"赛里斯"（拉丁文 Seres，古罗马人对中国的称呼）的丝绸时，欧亚大陆另一端的中国人则沉醉于"葡萄美酒夜光杯"的芬芳之中。葡萄的东渐，不仅使以葡萄为名片的西方物质文化踏上第一波"全球化"的浪潮，更成为古代东西方精神文明对话落地的载体。丝绸之路与其对人类文明演进过程的深远影响，至今余音不息，通过葡萄的流传，我们似能听到驼铃悠扬的丝路文明初声。

⊙ "葡萄何来自西极，枝蔓连云引千尺"：
张骞的使团与葡萄东传

葡萄，中国古书也称"蒲陶""蒲桃""蒲萄"等，是标准的殊方之物。汉代张骞通西域时，见到大宛（约在今费尔干纳盆地）"以蒲陶为酒……俗嗜酒，马嗜苜蓿"，于是汉朝使者把葡萄和苜蓿种子带回中原，从此中原生长出葡萄的藤蔓。据司马迁记载，汉武帝为了招待使者和喂养马匹，特别在离宫旁尽种葡萄和苜蓿，一望无际。唐诗"天马常衔苜蓿花，胡人岁献葡萄酒"描述的就是这一佳话。到三国时期，魏文帝更是称赞葡萄"甘而不饴，酸而不脆"，葡萄进入寻常百姓家，极大地丰富了中原人的饮食文化。

唐代时，人们对葡萄的喜爱，蔓延到各种器物的装饰中。瑞兽葡萄纹铜镜是唐代流行的最具特色的新镜类之一。八出葵花形，镜背贴一金壳，陕西西安马家沟出土的金背瑞兽葡萄纹铜镜可谓该类镜形中的上品，将中国传统的瑞兽纹饰和从西方传入的葡萄纹巧妙地结合在一起，兽之奔跃，禽之飞舞，创造出活泼、开放、富于变化和具有神秘色彩的装饰图案。

唐代金背瑞兽葡萄纹铜镜（西安博物院藏

随后，葡萄纹饰遍地开花，渗透到银碗、瓷器、绘画、雕刻、织造品等方方面面，并带有明显的"中国化"特色。南宋林椿的《葡萄草虫图》"极写生之妙"，取葡萄累累垂挂之局部，树枝藤蔓间伏有蜻蜓、螳螂、蝈蝈等昆虫，赋色淡雅，以中国古代特有的团扇小品画的形式尽显精微之处，给人以甜美丰实的精神享受。明清时期将葡萄纹饰与斗彩、青花瓷相结合，充分借鉴中国水墨画的笔墨意韵，创造出极具东方典雅气质的葡萄纹饰瓷器，并衍生出子孙绵长、吉祥如意的祈福寓意。

南宋林椿《葡萄草虫图》
（故宫博物院藏）

葡萄沿张骞开辟的丝绸之路东传，以更丰富的形式为我国古代人民的生活增姿添色，同时以与本土文化相融合的方式表现出来。

⊙ "葡萄酒，金叵罗，吴姬十五细马驮"：
葡萄酒文化的东方印象

伴随着葡萄的传入，葡萄酒及其酿酒技术也逐渐在中原地区流行开来。起初，葡萄酒作为一种珍稀的舶来品，只在权贵阶层中享用。宋代笔记《南部新书》丙卷记载："太宗破高昌，收马乳葡萄种于苑，并得酒法。仍自损益之，造酒成绿色，芳香酷烈，味兼醍醐，长安始识其味也。"唐太宗攻下位于丝绸之路要道的高昌国之后，不仅将高昌的8种葡萄酿酒法带回中原推广，还亲自参与酿酒赐予群臣。上有所好，下必甚焉。在太宗的影响下，葡萄酒开始风靡长安城，成为文人雅士在宴会上纵情赋诗时的钟爱之物。

唐代永泰公主墓壁画中手捧波斯风格高足杯的侍女

唐代文学家刘禹锡曾作诗赞美葡萄酒："自言我晋人，种此如种玉。酿之成美酒，令人饮不足。"一时间，饮葡萄美酒，赏胡姬乐之舞，颂饮酒之诗，歌窈窕之章，成为唐代文人雅士生活一道亮丽的风景。

品酒少不了各类精致的酒器。唐永泰公主墓的前墓室东壁上绘有手捧波斯风格高足杯的侍女，此类高足杯在西方通常用于盛放葡萄酒。而在整个永泰公主墓的壁画中，类似的高足杯出现了 3 次，足以证明葡萄酒在唐代贵族中的流行。

高足杯由杯体、杯盘和细长高足三部分组成。杯体多为敞口、圆唇、筒形腹。腹下为一托盘与杯体相连，形制与今天的高脚杯十分相似。伴随着丝路商人的频繁互动，沿线各国原本独立的贸易体系也因丝路的开通而有效地连为一体，萨珊波斯乃至拜占廷风格的高足酒器输入中国。今山西大同出土的北魏葡萄藤纹鎏金铜高足杯属于典型的萨珊波斯王朝风格。杯外饰卷枝葡萄，枝繁果密，藤上小鸟啁啾，藤间有童子嬉闹。杯上所绘童子收获葡萄的题材是希腊化时代（公元前 330～前 30）的艺术表现形式，与中亚巴克特里亚地区的酒神节风俗息息相关。

北魏葡萄藤纹鎏金铜高足杯
（山西博物院藏）

东、西方之间的交往是逐层递进的，始于葡萄酒和高足杯的物质文明交流，进而触及精神文化层面的互动。与葡萄酒相关的艺术形式、神话体系和宗教崇拜等希腊罗马文化因素也得以沿着葡萄藤抵达中华大地。隋代的酒神图驮囊陶骆驼是希腊罗马文明传入中国的实物例证。骆驼昂首嘶鸣，背上有驮囊，驮囊上刻画三人，其中一人呈酣醉状态，是希腊酒神狄奥尼索斯的形象。狄奥尼索斯在罗马神话中又名巴克科斯，是葡萄种植业和酿酒业的保护神，是最受古代希腊罗马平民欢迎和崇拜的神祇之一。在古代希腊罗马的雕塑绘画中，狄奥尼索斯常与葡萄枝叶果实一同出现。

因此，丝绸与葡萄，赛里斯与大秦（罗马帝国），不仅是物质文化的交流，也是精神文化的传播，同时还是文明的互动与对话。驼铃悠扬的古代丝路不仅是穿梭于欧亚世界的商贸之路，也是一条寰宇交融之路。无问东西，只求真实。当人们跋山涉水、远赴异乡，见证陌生中的熟悉与亲切时，便会油然而生"海内存知己，天涯若比邻"的共生之感。

⊙ "蒲萄四时芳醇，瑠璃千钟旧宾"：丝绸之路上的琉璃贸易与文明互鉴

"葡萄美酒夜光杯"中的夜光杯，是由采自祁连山的墨玉经 20 道工序打磨制成，杯壁薄如蝉翼，通体晶莹透亮，夜间自然发光，自古就是名贵酒器。汉唐时期，随着丝绸之路的开通，一种与之相似但材质更为轻盈、色彩更为斑斓的器皿——琉璃（即古代玻璃）杯，不断从西方传入中国，琉璃制品一时如丝绸在罗马一般成为当时中国的"奢侈品"，备受追捧。

玻璃并非近代工业文明的产物，早在西周时期，中国人就已掌握玻璃制造工艺，即古人所称的"琉璃"。东周时期，出现了极具特色的蜻蜓眼玻璃珠。蜻蜓眼是指具有同心圆类特征纹饰的镶嵌玻璃珠，即在球的球面中心镶嵌白色同心圆，圆内有蓝色圆球凸出，形似蜻蜓眼状，故名。但由于受原料

河南辉县固围村出土的战国眼纹玻璃珠串
（中国国家博物馆藏）

的限制、主流文化的影响，整体来讲，汉代之前我国的玻璃制造工艺并不发达。

　　随着丝绸之路的贸易频繁互通，大量来自波斯、阿拉伯和东罗马的琉璃用品传入中国，并激发了我国琉璃制造技术的日趋成熟。唐僖宗于874年供奉佛祖的多件琉璃制品，得以在陕西扶风法门寺地宫保存下来。其中一件盘口细颈贴塑淡黄色琉璃瓶，器形精美，纹饰华丽。整器呈黄色透明状，系无模吹制成型，以熔融玻璃条堆塑瓶体、冷却后自然粘贴的方法装饰外壁。这种琉璃吹制技术以及热加工装饰工艺在罗马帝国时期出现，后经阿拉伯和中亚玻璃工匠传承和发展。该琉璃瓶也兼具古罗马、萨珊波斯和早期伊斯兰文化的多元风格。

陕西宝鸡法门寺唐塔地宫后室出土的盘口细颈贴塑淡黄色琉璃瓶（法门寺博物馆藏）

山西大同迎宾街北魏墓群出土的玻璃壶（大同市博物馆藏）

　　由于琉璃需求量的持续上涨，域外工匠将琉璃原材料和先进技术带入中国，唐朝人开始自己生产琉璃器皿。在丝路贸易与西域工匠的影响下，除了磨铸技法之外，我国工匠也掌握了琉璃吹制技术，琉璃产品更加纯净透明，生产工艺获得长足发展，并且注入中国传统的审美观和本土化特点。因此，琉璃的贸易与传播，透析出东西交流在器物、技法、思想等层次的脉络和文化内涵。

习近平总书记强调，"文明因交流而多彩，文明因互鉴而丰富""和羹之美，在于合异"。所有文明的发展不是独立的，而是汲取营养，相互影响。透物见史，以小观大。通过葡萄的流传，也能读出不同文明的共享与汇融。见微知著，酌古准今。1000多年前的欧亚大陆上，蕴藏着"美在通途，行久致远"的文化生命力，而兼收并蓄、锐意创新、美美与共是中华民族历久弥新的文明密码。文明的对话，在丝路这条穿越古今的大道上，仍将不断书写。

明代徐渭《水墨葡萄图》（故宫博物院藏）

中国马镫：

让欧洲跨入「骑士时代」

同卫

名称：骑马陶俑

时代：西晋

尺寸：高 22～24 厘米

中国的马镫在经过东方游牧民族的传播后，到达欧洲地区，又传遍全世界，实现了人类的骑兵时代。

马镫是供骑马人在上马时用来踏脚的马具,大多用铁制成。最早的马镫是单边的,后来逐渐演化成双边,其最大功能是解放双手,大大提升了骑兵的战斗力。

根据考古发现,我国最迟在西汉时期就有了铁马镫的替代物——布马镫,这从西汉壁画中可见一斑。在经过东方游牧民族的传播后,西方人逐渐装备马镫,从而诞生了新的社会阶级——中世纪的骑士贵族阶级。

⊙ 马镫是晋代最重要的发明

从晚商到春秋时期,马在中原地区主要用来牵引马车,少有骑乘。有分析认为,主要原因在于缺少骑乘类马具。南北朝以前,上层社会出行礼仪讲究乘车,有车而骑马是失礼的行为。不尚骑乘也与没有马镫、骑乘难度大有关。此外,人们认为骑马的姿势与踞坐的姿势类似,心理上较为排斥。因此,非军事需要,官员出行都是乘车而不骑马。

推动马具改进、完善的最大动力是战争。古代早期兵种主要为步兵、车兵。随着骑兵的发展，车兵逐渐消失并被骑兵取代，这与马具的发展变化有着一定的关系。

我国古代骑乘用马具的发展分产生、发展和成熟三个阶段：产生于战国末年至秦汉，约公元前 3～2 世纪；发展于两晋南北朝，约 3～6 世纪末；成熟于隋代以后，即 7 世纪后。

一套完备的马具，是由辔头（包括络头、衔镳、缰绳）、鞍具（包括鞍、鞯和障泥）、胸带和鞦带组成。鞍具是骑马用的鞍、镫与固定鞍的胸带、肚带以及障泥的总称。鞍具的普及和进步与骑兵的发展有着密切联系。毕竟，马鞍和马镫关系到骑兵在马上的稳定性。

晋代最重要的发明就是马镫，但西晋初只有一个马镫。最早的马镫形象的是湖南长沙西晋晚期墓中出土的一件陶马俑，俑的左侧"障泥"上塑有一个三角形马镫，专供上马踩踏用，因此也叫"上马脚扣"。

长沙西晋晚期墓出土的骑马陶俑
（中国国家博物馆藏）

⊙ 马具发展成熟的标志：双马镫与高鞍桥马鞍

东晋十六国时期开始出现了双马镫。最早有明确纪年的双镫，是辽宁北票冯素弗（北燕宗室大臣、政治家）墓出土的一对木质、外包铜鎏金的马镫。双马镫的出现与应用，是骑具发展成熟的重要标志。双马镫不仅解决了上马难的问题，还解决了骑马奔跑过程中骑手身体不易平衡的问题，人马合一，充分运用马上的骑战技术，为骑兵的发展起到了关键的作用。

辽宁北票北燕冯素弗墓出土铜鎏金木芯马镫
（辽宁省博物馆藏）

马具发展成熟的第二个标志是高鞍桥马鞍的出现。我国古代的鞍具出现于战国时期，1992年新疆鄯善苏贝希墓中出土的马鞍具就是战国时期的，保存得非常完好，但这时的马鞍没有鞍桥和马镫。西汉晚期，带有鞍桥的马鞍出现。低鞍桥马鞍在东汉时期广泛使用。东汉的马鞍在鞍鞯下还出现了两块宽阔下垂的障泥。

马镫从无到有、从单到双的发展过程与马鞍的改良基本同步。东汉末期出现的高鞍桥马鞍增加了上马的难度，也催生了马镫的出现。晋代广泛使用高鞍桥马鞍，改善了骑乘条件。北魏晚期，鞍桥的形制有了新变化，前鞍桥高且直立，后鞍桥矮且向后倾斜。这一时期，装鞍的位置也前移到更合理的位置。湖南长沙带镫陶俑上的马鞍，两头有高高竖起的鞍桥。高鞍桥实物在河南安阳孝民屯和辽宁朝阳袁台子的两座墓中出土，且是带有马镫的整套鞍具。

⊙ 完备的马具打造出铁甲雄兵

完备的马具为南北朝时期重甲骑兵甲骑具装的发展提供了基础。当时，骑兵使用了一种新型的防护装备——保护战马的"具装"铠。"甲骑具装"即人甲和马甲的合称，是古代重装骑兵的防护装具。据《宋史·仪卫六》记载："甲骑具装，甲，人铠也；具装，马铠也。"

南北朝时期，马铠成为军队中较普遍的装备，常常数以百计、千计甚至以万计。甲骑具装伴随

陕西西安草厂坡出土的十六国时期陶武士俑
（中国国家博物馆藏）

着北方匈奴、鲜卑等少数民族进入中原地区，直到隋朝，流行了300多年，在历史上产生了深远影响，并流传到日本、朝鲜半岛和亚洲其他地区。

甲骑具装有优势，也有劣势。优势是做了很多保护，劣势是因太多保护，影响了机动性，从而影响到骑兵的攻击力，且造价昂贵，不能大量投入使用。1995年，辽宁北票喇嘛洞墓地出土了一套甲骑具装，现存甲片达3156片，每片重约16克，总重量达50千克以上。实战中再加上骑士的重量，马的负重很大，缺陷越发突出。

隋唐时期，骑兵由厚重的甲骑具装向轻装、快速、灵活的轻骑兵过渡，奠定了后世骑兵的发展方向。唐朝军队作战极少用甲骑，主力部队都是轻骑军团，甲骑被逐渐淘汰。

唐太宗昭陵六骏石刻之一的飒露紫石刻，此为藏于西安碑林博物馆的复制品，原件现藏于美国宾夕法尼亚大学博物馆

金代是历史上最后使用甲骑的朝代，金兵统帅完颜宗弼（兀术）自己也乘坐甲骑，其护卫亲兵皆重铠甲装，号为"铁浮图"，但最终被宋朝的岳家军击败。

⊙ 马镫的东传与西播

马镫是古代传播于欧亚大陆的重要技术发明。在古代中国东北鲜卑人活动区域出土的木芯长直柄马镫是东、西方各类马镫的共同源头，这种马镫向东传播，一直流传到朝鲜半岛和日本；而马镫的西传和游牧民族柔然密切相关。

据考古发现，欧洲地区马镫的出现时间要晚于中国。鲜卑人应是最早用金属制造马镫的，宁夏固原北魏漆棺墓发现了模仿直柄木芯包铜片的铁马镫。5世纪末以后，金属马镫迅速传遍欧亚大陆。欧洲最早记录马镫的时间是580年。当时，拜占庭国王改组骑兵，明确提出必须使用铁制马镫。至此，欧洲进入了"骑士时代"。文物专家孙机曾论述："欧洲的马镫最早发现于6世纪的匈牙利。匈牙利地处东欧，与自黑海向东延伸的欧亚大草原接壤。我国发明的马镫，可能就是随着活跃在这片大草原上各族重装甲骑的蹄迹，逐步西传到欧洲的。"

马镫传到了欧洲地区，之后又传遍全世界。《不列颠百科全书》中写道："让人无比惊讶的是，人类骑兵时代的实现，居然是因为马镫的发明。"英国科技史专家李约瑟（Noel Joseph Terence Montgomery Needham）说："只有极少的发明像脚镫（马镫）这样简单，却在历史上产生了如此巨大的催化影响。"美国学者罗伯特·K.G.坦普尔（Robert K.G. Temple）将李约瑟的《中国科学技术史》简化写成《中国：发明与发现的国度——中国科学技术史精华》，在书中形象地描述说："如果没有从中国引进马镫，使骑手能安然地坐在马上，中世纪的骑士就不可能身披闪闪盔甲，救出那些处于绝境中的少女，欧洲就不会有骑士时代。"

山西太原北齐娄睿墓壁画局部，娄睿为鲜卑人，图中表现的是着鲜卑装的骑马人物形象

第七章

六合同风

煎饼鏊子：

一「烙」几千年

司卫

名称：弦纹三足带盖青铜鏊

时代：东汉

尺寸：口径 24.4 厘米，底径 24.8 厘米，
　　　通高 9.1 厘米

传说古代的人们为纪念女娲，造鳌子烙煎饼，其过程犹如修补窟窿，仿佛女娲补天，以此世代纪念，成为习俗。

鏊子，是做烙馍和摊煎饼的主要工具。清代《说文句读》中说："鏊，面圆而平，三足，高二寸许，饼鏊也。"明代《正字通》也说："鏊，今烙饼平锅曰饼鏊，亦曰烙锅鏊。"在古代，这一专用于烙饼的炊具是把薄石头打磨成龟背状，再磨制光滑，下可烧火加热，上可烙馍、摊煎饼。

⊙ 鏊具不断更新，烙焙技术久远

我国新石器时代遗址中，经常出土一种盘形陶器，有的边沿有三足。起初，文物专家对此没有统一的认识。1981 年，河南省荥阳市仰韶文化青台遗址中发掘出一件完好无损的陶器。陶器呈覆盘状，有三个瓦片形足，外表光滑，内壁粗糙且附着厚厚的烟炱。专家考证认为，这就是沿袭了几千年、现今仍然使用的烙制食物工具——鏊子，因其质地为陶，称之为陶鏊。

河南荥阳青台遗址出土的新石器时代陶鏊
（大河村遗址博物馆藏）

曾有人认为我国的面食技术是汉代自域外传入，陶鏊的发现和确认，证明新石器时代我国已具有传统的烙焙食物技术。

随着青铜器、铁器的出现，陶鏊逐渐被替代。1989年，河南省焦作市嘉禾屯林场砖瓦窑发现的一座汉代铜器窖藏中出土了一件极为罕见的带盖弦纹青铜鏊。青铜鏊由盖和体两部分组成。盖呈伞状，上饰两组弦纹，顶部有一

河南焦作嘉禾屯林场汉代窖藏出土的东汉弦纹三足带盖青铜鏊
（焦作市博物馆藏）

桥形纽，纽下饰以梅花形饰片，纽上套一圆形提环。体为圆形浅盘，平底，下附三蹄足。盖周边有和鏊面相扣合的子母口，上下合体十分严密。据考证，这是我国发现最早的带盖的青铜鏊，是研究古代饮食文化的珍贵实物资料。

辽金时期，我国北方内蒙古、辽宁及河南、山西、山东等地的窖藏遗存中，铁鏊是常见器物。1982年10月，内蒙古自治区准格尔旗西夏窖藏出土了一件铁鏊，鏊背饰有一朵八瓣莲花纹；1996年8月，在辽宁省岫岩满族自治县东洋河大桥河床发现了一件金代铁鏊，背面也铸有一朵九瓣莲花纹，其中有何装饰用意或实用功能，尚不得而知。

大同新添堡许从赟夫妇墓出土的辽代铁鏊盘
（大同市博物馆藏）

⊙ 《烙饼图》：展现古人用鏊场景

考古发现的古人用鏊子烙饼的图像不仅保存了珍贵的文化信息，更弥补了实物信息的不足。这些图像生动活泼，直观地反映了使用鏊子的情景，记录并展示了古人的劳作场景。

在甘肃省河西地区，发现了大批魏晋时代的壁画砖墓，其中多幅《烙饼图》引人注目。1972年，在甘肃省嘉峪关市魏晋壁画墓发现的一幅《烙饼图》中，一名女子正手持面皮往鏊子上放。1993年，甘肃省酒泉市西沟村魏晋墓中也发现了《烙饼图》：一名女子头梳发髻，跪坐在三足平底鏊子前烙饼，身后放有两个大盆。

在中原地区，也发现有同类题材的壁画。2003 年，在河南省登封市高村宋代壁画墓中发现的《烙饼图》非常生动写实。图中有 3 名女子，左侧女子正在鏊子前持物翻饼，其右置一圆盒，内有烙好的煎饼。鏊子呈穹庐状鼓起，同现在常见的铁鏊无异。中间的女子，正在矮案前持两头尖、中间粗的擀面棍擀制面皮。右侧的女子双手托盘，似走却又回首观望。整幅壁画色彩艳丽，人物各具情态，栩栩如生。

登封高村宋墓中的壁画《烙饼图》

⊙ 传播范围广，民族饮食多元

我国与古代鏊子相关的遗存多出现于北方，因为北方主食多为品种丰富的粗粮，这些粗粮加工后都可用来制作煎饼、烙馍等食品。

鏊子在饮食文化的传播中发挥了巨大作用。从我国新石器时代覆盘状陶鏊的出土范围看，覆盖了中原地区广大人群。鏊子在辽金时期大量出现也表明不同民族文化间的融合与互相影响，反映出少数民族对中原饮食文化的吸收和借鉴。

北朝和唐代都有在人日（农历正月初七）这天食煎饼的习俗，这种别样的节日饮食习俗也被契丹人继承下来。《辽史·礼志六》提到："人日，凡正月之日，……其占，晴为祥，阴为灾。俗煎饼食于庭中，谓之薰天。"在庭院中进食煎饼，叫作"薰天"。在新疆维吾尔自治区巴里坤哈萨克自治县，过年还有"家家支鏊子，户户烧干粮"的传统习俗。随着时代变迁，今日的鏊子不仅简化成厚板铁焊接的平底鏊子，食品也从单一的烧干粮扩展到烘烤肉制品。巴里坤的鏊子肉是"肉中之王"，可以随意加入刀豆、茄子、辣子、红薯等，把肉与多种蔬菜混合在一起。

烙馍是一种特色传统面食，源自中原，有着2000多年的历史。这种面食在各地叫法不一，如"饼馍""烙饼""单饼""薄饼"等。传说楚汉相争时项羽兵败，被韩信围追堵截，饥饿劳累。韩信知项羽兵不扰民，想借机毁坏项羽名声，设计让人"把面捯捯摸摸，弄薄弄熟"，尽快做出些吃的，摆放在楚军必经之路。楚军虽饥饿，但无钱购买，便忍饥离去。兵去饼留，百姓效仿制作，并因"捯捯摸摸"而称之为"烙馍"。烙馍吃法简单，用烙馍卷好菜、肉等，就可进食。

烙馍类似煎饼，但形状和做法与煎饼不同。煎饼大，做煎饼的面是稀面糊，做时要倒在鏊子上摊开烙熟；烙馍小，做烙馍是将揉好的软面团擀成薄饼，放在鏊子上烙熟。

煎饼的由来也有一个传说。三国时期，刘备被曹操追杀，来不及做饭，诸葛亮让伙夫支起铜锣并用火烤热，再把面糊倒在铜锣上，摊平烙熟，很快就能充饥，后传至民间，成为传统食品。

历史上，不少文人对煎饼这种食品甚是喜爱。五代王定保《唐摭言》载："段维晚富辞藻，敏赡第一。常私试八韵，好吃煎饼，凡一个煎饼成，一韵灿然。"意思是做成一个煎饼，即可赋诗一首。清初著名文学家蒲松龄还写了一篇《煎饼赋》，夸赞煎饼形色"薄似剡溪之纸，色似黄鹤之翎"，赞美其味道"味松酥而爽口，香四散而远飘"。清代袁枚所著《随园食单》中记载："山东孔藩台家制薄饼，薄若蝉翼，大若茶盘，柔腻绝伦。"

⊙ 摊煎饼：仿佛女娲补天

鏊子是烙煎饼的专用工具，还配有笓子和油擦子。笓子呈板状弧形，有手柄，是推抹面糊的工具，有的地方叫"池子"。油擦子，土话叫"油搭子"，用多层布缝制而成，上面渗着食用油，用来擦鏊子，防止煎饼与鏊子粘连，不便揭取。

当鏊子烧热后，用勺子舀上一勺面糊倒在鏊子上，用笓子沿着鏊子摊平抹满。面糊受热迅速凝固，烙熟成为煎饼。若要摊好煎饼，面要细，糊要稠稀适当，火候要好，手要麻利。摊好以后，就可以把各种肉蛋蔬菜放在煎饼上卷起来吃。

传说古代的人们为纪念女娲，造鏊子烙煎饼，将面糊抹满鏊子，其过程，仿佛女娲补天，以此世代纪念，成为习俗。

煎饼因为在烙制时烘干了水分，可以较长时间储存，过去是人们出门远行必备的干粮。抗日爱国将领冯玉祥将军不但爱吃煎饼，还把煎饼称作"抗日饼"，专门写了《煎饼——抗日的军食》一书，详细介绍制作煎饼的原料、方法和煎饼的营养价值等。解放战争时期，山东沂蒙山区妇女摊煎饼当军粮，支援前线将士，为革命胜利作出巨大贡献。

烧烤：
穿越古今　脍炙人口

名称：青铜方炉
时代：汉
尺寸：长31.3厘米，宽22.5厘米，
　　　高17厘米

在漫长的千年岁月中，烧烤演变出更多更新的方式方法。

每一次烧烤，便如同亲朋好友间一次小小的狂欢。

在人类社会早期，一场大火使来不及逃生的动物不幸被烧焦烤熟，人们从此开始品尝到烧烤的味道。随着人类逐渐学习用火，烧烤成为制作食物最原始的方法，也是人类烹调熟食的最早技法。

⊙ 古代烧烤三大法

烧烤，古称为炙（意为用火烤肉），是我国传统的烹调方法，历史悠久。炙炉，也就是今天的烧烤炉。

关于烧烤的称呼有"燔""炮""炙"3种。《古史考》记载："古者茹毛饮血，燧人氏钻火，始裹肉而燔之，曰炮。"《礼含文嘉》云："燧人始钻木取火。炮生为熟，令人无腹疾，有异于禽兽。"《诗经》里有："有兔斯首，燔之炙之。"这些都说明烧烤在我国流传已久。

北京周口店遗址第一地点出土的旧石器时代灰烬
（中国国家博物馆藏）

古人的烧烤方法有直烧法、石燔法、炮烧法3种。直烧法是把食物直接放在火上烧，肉类有整烤、串烤。石燔法是把薄石板支起来，石板下烧火，石板上放食物进行烧烤。炮烧法分两种，一种是用泥土包裹烧食，熟后去泥而食；另一种是用植物叶子包裹烧食。

烧烤用火，需要以柴、炭或其他燃料燃烧取火。山西省绛县西吴壁遗址是我国目前发现最早的木炭窑遗迹，属于二里头文化时期。秦汉时期，木炭已成为主要燃料之一，广泛用于生活、手工业和冶金等方面。汉代，对木炭的材质已有所讲究，这给烧烤提供了更加便利的条件。人们发现，不同燃料烤出来的食物味道不同，《隋书·列传》就记载了燃料对烧烤食品香味的影响："今温酒及炙肉，用石炭、柴火、竹火、草火、麻荄火，气味各不同。"

⊙ 历代烧烤的演进

烧烤在我国古代饮食史上具有特殊地位。商周的膳食主要以各种肉类制成的烧烤食品为主，而且开始讲究食品的刀工刀法。《礼记·内则》有云："肉腥，细者为脍，大者为轩。"意思是肉切薄片为"脍"，厚片为"轩"。《孟子·尽心》云："公孙丑问曰：'脍炙与羊枣孰美？'孟子曰：'脍炙哉！'"脍炙是一种切得很细的烤肉，成语"脍炙人口"便出于此处。

汉代青铜烤炉（中国国家博物馆藏）

秦汉以后，烧烤之风更加盛行。尤其在汉代，烧烤已成为一种较为普遍的烹饪方式，不仅很普及，而且原料丰富、调料繁多、加工细致。

把食物穿成串烤食的方法，可以追溯到狩猎时代，那时人类吃鱼就有这样的串烤法。在甘肃嘉峪关出土的魏晋画像砖上，就有烤羊肉串的形象。南北朝时期，烧烤技术进一步发展。北魏贾思勰的《齐民要术》中已有烤乳猪的制作及其他多种烧烤方法的记载。

甘肃嘉峪关魏晋墓出土的烧烤画像砖（临摹品）
（中国国家博物馆藏）

隋唐时期，烧烤技术得到更大发展。尤其是唐代，民族交融，万国来朝，受游牧民族烹饪影响，烹调方法多种多样，用火、用料也非常讲究。唐代尚书令韦巨源向唐中宗敬献的《烧尾宴食单》流传至今，虽不完整，但仍存58种菜点名称。唐代还把有些烧烤食品当成药膳，用于治疗一些疾病。

宋代，烧烤食物种类繁杂，蔬菜和肉类皆有。烧烤食品在市肆相当普遍，烤羊肉尤受推崇。元明两代，无论是宫廷御宴还是市肆筵席，烧烤食品往往都作头盘之用。清代，在集满族和汉族菜点之精华的满汉全席上，烤乳猪和烤鸭被称为双烤，成为第二次摆台的首菜，地位显赫。随着满汉全席的盛行，双烤曾传遍大江南北。

烧烤发展至今，食材品种、用料等更加多样化，口味更加丰富，用具也更加安全环保。

⊙ 历史上的烧烤遗存

旧石器时代烧烤坑　新疆维吾尔自治区吉木乃县通天洞遗址发现了灰烬堆积烧烤坑。烧烤坑是古代先民获取熟食的手段之一，以烧烤为主，也可烧煮。用烧烤加工熟食既简单又方便，是新石器时代至商周时期主要的烹饪方式。随着烧烤炉的出现及烧烤手段的多样化，烧烤坑逐渐淡出人们的生活。

新石器时代陶炉箅（或烤箅）　上海市青浦区新石器时代崧泽遗址出土。可横置于炉塘中间，上面放柴烧火，下面通风出灰。这样柴火可充分燃烧，提高煮食效率。有学者也将此视为烤箅，上面放食物，下面生火烤制。陶箅实际有两类，一类是蒸箅；一类是烤箅，可单独使用。也有学者认为有的箅子既是蒸箅又是烤箅，二者的区分主要是看有无烟熏痕迹，有无残留的脂肪。

汉代釉陶烧烤炉　河南省济源市出土的明器。炉为泥质灰陶质地，底平，底部分别有纵横各两条长方形漏孔。炉沿上并列放置两条烤棒，一条烤棒上放置3只鹌鹑，一条烤棒上放置4条鱼，反映了当时烧烤的情况。

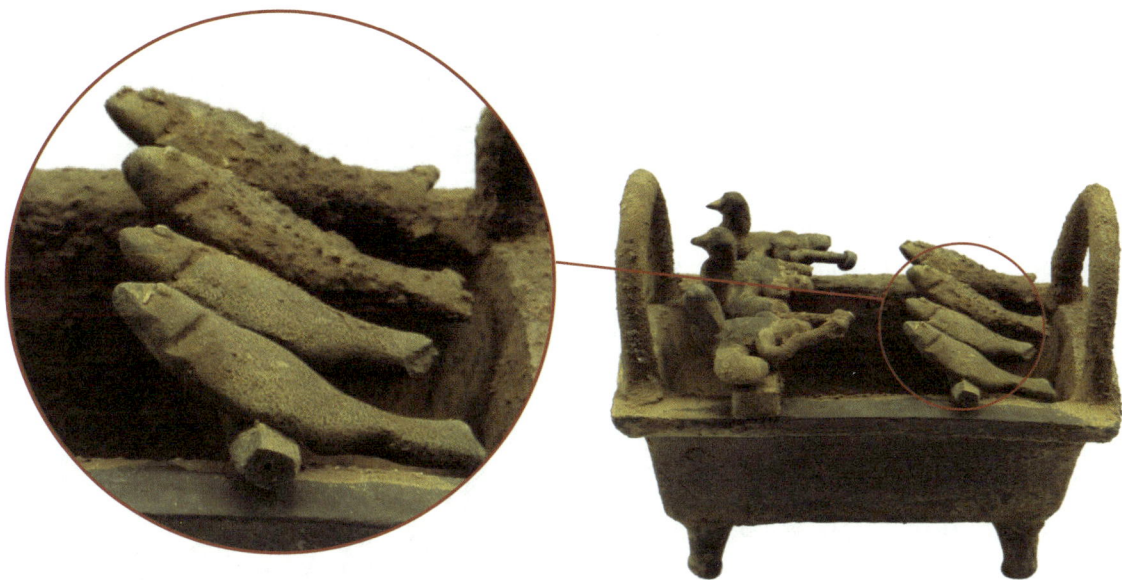

河南济源出土的汉代釉陶烧烤炉
（济源博物馆藏）

汉代铜方炉　陕西省西安市出土。炉铁铸，分为上、下两层，上层长槽形炉身，底部条形镂孔，形如箅子，下层为浅盘式四足底座。炉身也有四蹄足安放于承盘之上，承接炉体漏下的炭灰。上林方炉极具代表性，其烹调方式更为先进。汉代以后烤炉的设计结构和原理基本类同。

陕西西安出土的汉代"上林荣宫"铜方炉（陕西历史博物馆藏）

汉代《庖厨图》画像石　山东省诸城市前凉台村东汉孙琮墓出土。画面右上角，一人跽于一架烤炉前，左手翻肉串，右手持扇扇风，烤炉上放有烤肉串。烤炉左下方一人面前有一盆，盆里有穿好的肉串，此人抬起双手，看似要取肉串；右下方一人面前放置一盆，盆里有零散的肉块，此人手持烤棒，看似正在往烤棒上穿肉块。从画像石的图像中发现，汉代烤肉串的场景与现代的肉串烤法一样。

汉代"烧烤者"壁画　河南省洛阳市烧沟 61 号西汉墓壁画中的烧烤者蓄有胡须，服饰左衽，为胡人打扮。《释名·释饮食》中有"貊炙，全体炙之，各自以刀割，出于胡貊之为也"的表述。"貊炙"又见于《太平御览》卷八百五十九引《搜神记》："羌煮、貊炙，翟之食也。自太始以来中国尚之。"对此，历史学家王利器、历史文献学家杨树达等人提出过类似烤全羊、全猪的"胡俗"自汉武帝以后传入中原地区的说法。

汉代青铜方炉　山东省淄博市大武西汉齐王墓陪葬坑出土。汉代烧烤炉大多为铁质，而这件器物为青铜质地，且造型奇特，有学者认为它是温酒器，也有学者认为它可以用作烤炉。其制作工艺复杂，由炉体和炉盖组成。炉盖为覆斗形，四面有许多镂空的条形出气孔。

山东诸城前凉台村东汉孙琮墓出土的庖厨图画像石摹本（诸城市博物馆藏）

⊙ 各具特色的地方烧烤

中国的烧烤遍布大江南北，各有特色。从烧烤的方式上看，大兴安岭的鄂伦春族把肉切成条，插在削尖的木棍上，放在篝火旁烤。新疆的哈萨克族则把羊肉串起来，手持木棍在火上烧烤。侗族、苗族有时用泥巴把食物包起来，放在火堆内烧烤。北方有些民族也用泥巴包上食物后，架在火上烧烤。广西壮族自治区三江侗族自治县的人们烤鱼时，先把鱼内脏去掉，再用树叶或菜叶把鱼包好，放在火中烧烤，待叶烧焦时，鱼也熟了。壮族用荷叶或芭蕉叶把鸡或猪肉包起来，放在篝火或火塘内烧烤。云南的彝族用芭蕉叶、玉米叶、荷叶包烧而食。烤全羊是蒙古族等民族传统而具有独特风味的宴客佳肴，其加工方法有一套特殊的流程，十分讲究。

只要一提到烧烤，人们就会想到新疆的烤羊肉串。改革开放后，新疆到内地经商的人数增多，同时也把烤羊肉串带火了。羊肉串推动了烧烤业的繁荣，并形成城市里以烧烤为主的大排档。

在四川省凉山彝族自治州，人们用烤肉蘸辣椒面吃，还用铁丝网代替串肉的树枝、竹签，形成极具特点的网烧。他们用炭火盆取代传统的火塘，在火盆上架一铁网，烤好的肉就放在上面，以保持温度。网烧成为西昌烧烤独特的识别符号。

北京人的饮食，受北方少数民族的影响很大。据说烧烤在北京落户，是从蒙古族定居北京开始的。清代满汉全席兴起，烧烤是其中不可缺少的一部分。

山东淄博大武西汉齐王墓陪葬坑出土的青铜方炉
（淄博市博物馆藏）

几千年过去了，古老的烧烤并没有消失，而是在漫长的岁月中，演变出更多更新的方式方法。每一次烧烤，便如同亲朋好友间一次小小的狂欢。

　　烧烤何以恒久远？它符合大众口味，遍布大江南北，且操作简便、上手容易，参与性强、有集体感。尤其在室外空间，树下草上，山水之间，亲近自然、融入自然，具有一定的原始野性。烧烤吃法豪放，对人们紧张、繁忙的生活是一种很好的调节，其过程令人兴奋、愉悦，有生活情调和喧闹气氛。

蹴鞠：

一「蹴」千年的流行运动

杨超

名称：蹴鞠纹铜镜

时代：宋

尺寸：直径10.6厘米，厚0.6厘米

古老的游戏往往源于生产工具，或者略加一些改进，蹴鞠的发明就来源于史前时期重要的猎具——石球、陶球。

2023 年 5 ～ 7 月，一项名为"贵州榕江（三宝侗寨）和美乡村足球超级联赛"（简称"村超"）的村级足球比赛，吸引了上百万人次到场观战，超 5000 万人次在线围观，全网点击量突破 300 亿次。透过火爆的"村超"，让我们看看中国古代的足球运动又是何种场景，有着怎样的历史与文化。

⊙ 蹴鞠：足球的起源

　　足球在中国有极其悠久的历史。在古代，踢球被称为"蹴鞠"（或"蹋鞠"），"蹴"的意思是用脚踢，"鞠"是皮球。蹴鞠是一项古老的体育活动，不仅具有运动、娱乐的性质，也曾兼作军事训练之用。

　　蹴鞠的发明来源于生产劳动。史前时期，石球、陶球是重要的猎具，是原始社会的生产工具。古老的游戏往往源于生产工具，或者略加一些改进。

蹴鞠是如何兴起的？汉代刘向《别录》载："蹴鞠者，传言黄帝所作，或曰起战国之时。"1973年，湖南长沙马王堆汉墓出土的帛书《十大经·正乱》记载了黄帝战蚩尤时发明蹴鞠的传说。商代甲骨文也记载了蹴鞠，一片甲骨文卜辞曰："庚寅卜，贞：乎品舞，从雨。"其中"品"就是蹴鞠，"品舞"即蹴鞠舞。

蹴鞠在春秋战国时期逐渐兴盛，以齐国都城临淄（今山东淄博）最为驰名。《韩国策·齐策》载："临淄甚富而实，其民无不吹竽、鼓瑟、击筑、弹琴、斗鸡、走犬，六博、蹋踘者。"《史记·苏秦列传》的记述与此大同小异。当时临淄的蹴鞠运动广泛开展，已经有了相当的规模和群众基础，初步成为一种运动项目。

2004年6月，淄博市举办足球起源专家论证会，与会专家一致认为：中国古代足球（蹴鞠）起源于春秋战国时期的齐都临淄。同年7月，亚洲足球联合会秘书长维拉潘正式宣布："国际足联和亚足联已经确认，中国的淄博为世界足球的起源地。"国际足联主席布拉特随后郑重宣布："我们对足球历史的研究发现：足球，起源于中国一个叫临淄的城市。"

⊙ 蹴鞠的发展简史

宋代蹴鞠纹铜镜
（中国国家博物馆藏）

实际上，蹴鞠在中国古代是一项非常流行的体育运动和娱乐活动，受到了上至皇帝、下至平民的深爱，其热度不亚于现代人对足球的狂热。

汉代时，在汉高祖、汉武帝、汉元帝、汉成帝等几任酷爱蹴鞠的皇帝的亲自推动和垂范下，蹴鞠有了较大发展。这些皇帝都喜欢蹴鞠，甚至在宫苑内修建有蹴鞠城——汉武帝在上林苑平乐馆就修有球场。上有所好，下必甚焉。西汉桓宽的《盐铁论》称："贵人之家，蹋鞠斗鸡。"记载了当时在达官贵人间流行蹴鞠的情景。汉代蹴鞠之所以兴盛，不仅在于其游戏本身的娱乐性，还在于它是军事练武的重要内容之一。汉代刘向《别录》曰："蹋鞠，兵势也，所以练武士，知有材也，皆因嬉戏而讲练之。"史载西汉名将霍去病常常在行军打仗之余以蹴鞠为训。三国时，曹操酷爱蹴鞠，曹植《名都篇》对当时洛阳的蹴鞠进行了描写："连翩击鞠壤，巧捷惟万端。"

唐代是我国蹴鞠非常兴盛的时代，仅唐诗中描述蹴鞠的场景就屡见不鲜。如白居易的《洛桥寒食日作十韵》中有"蹴球尘不起，泼火雨新晴"；王维的《寒食城东即事》中写"蹴鞠屡过飞鸟上，秋千竞出垂杨里"；杜甫的《清明》中有"十年蹴踘将雏远，万里秋千习俗同"。唐代女子也参加蹴鞠，康骈在《剧谈录》中云："有三鬟女子，可年十七八，衣装褴褛，穿木屐，于道侧槐树下。值军中少年蹴鞠，接而送之，直高数丈。于是观者渐众。"唐代蹴鞠较前代有较大改进。唐之前的鞠是"以韦（皮）为之，中实以物"的实心球，唐人发明了充气鞠：用动物膀胱为胆，外表用皮革缝制而成，"吹嘘而取实""满而不溢"。此外，皮球改为八瓣球，更圆，踢起来更方便。

宋代也非常流行蹴鞠。孟元老的《东京梦华录》云："举目则秋千巧笑，触处则蹴鞠疏狂。"《清明上河图》也描绘了蹴鞠场景。宋代蹴鞠进一步改进，出现了更加浑圆的十二瓣球，宫廷设立有球队，还出现了民间"足球协会"——齐云社（又称圆社）等。南宋临安城内许多"瓦舍勾栏"（民间艺术演出场所）都有蹴鞠表演，还出现了如"蹴球茶坊""角球店"等一系列茶楼、酒楼。

元代关汉卿在《斗鹌鹑·女校尉》中对女子蹴鞠有精彩的描绘，"换步那踪，趋前退后，侧脚傍行，垂肩軃袖"，盛赞"谢馆秦楼，散闷消愁，惟蹴踘最风流"。《事林广记》中也收录了蒙古官员踢球图。

明代汪云程在《蹴鞠图谱》中提到："打楦者，添气也。事虽易，而实难。不可太坚，……不可太宽，……须用九分着力，乃为适中。"

宋代蹴鞠纹铜镜（云南省博物馆藏）

明代创作的绢本设色《朱瞻基行乐图》描绘了明宣宗朱瞻基在御园观赏蹴鞠表演的情形。明代沈德符《万历野获编补遗》载："汉府军余王敏善蹴鞠，

明代佚名画作《朱瞻基行乐图》局部
（故宫博物院藏）

宣宗喜之，阉为内侍，后进太监。"一个军卒因擅长蹴鞠，被明宣宗相中，召入内侍成为太监，专门陪皇帝蹴鞠。崇祯皇帝和他的田贵妃也都喜欢蹴鞠。

总体而言，蹴鞠在我国起源很早，唐宋时期达到高峰，之后逐渐走向衰落，至清末，蹴鞠基本销声匿迹。

清代青花童子蹴鞠图盏
（中国国家博物馆藏）

清代青玉戏球童子
（中国国家博物馆藏）

⊙ 蹴鞠的玩法规则

　　蹴鞠的场地分为固定和不固定两种，并由此派生出不同的玩法和规则。

　　不固定场地　有一块平整的地方就可以蹴鞠，这种玩法称"白打"，类似于今天的"踢野球"。汉代画像石、《宋太祖蹴鞠图》、《事林广记》以及明代《仕女图》中的蹴鞠场景，都属于白打形式。白打不限人数，主要是娱乐和锻炼性质。具体踢法有很多，如脚踢、膝抬等。

元代钱选摹宋代苏汉臣《宋太祖蹴鞠图》
（上海博物馆藏）

　　固定场地　如汉代蹴鞠城等，均有长方形的固定球场。从史料看，场地均设有球门，但类型不一，主要有两种：一种是低网球门，球场内砌一矮墙，中间挖口，内置网囊；第二种是高网球门，在竖立的木头上固定好木板，中间挖孔，放置网囊，类似现代的篮球架，双方队员往网囊内踢球。

这种有固定场地的蹴鞠，更多的是比赛性质。东汉李尤《鞠城铭》曰："圆鞠方墙，仿象阴阳。法月衡对，二六相当。建长立平，其例有常。不以亲疏，不有阿私。端心平意，莫怨其非。鞠政犹然，况乎执机。"由此可知，此时已有比较完备的比赛规则，比赛分两队，场上对阵双方各 6 人，攻对方球门，每队有队长和守门员，并设置裁判。

宋代的蹴鞠已经彻底从军事训练中摆脱出来，成为一种兼具技能性与表演性的体育文化活动。宋末元初文学家周密《武林旧事·卷四·乾淳教坊乐部》中记载了单球门蹴鞠比赛的球员人数和名称，衣服颜色不同的左右军（两队）分站两边，每队 16 人，分别为球头（队长）、跷球、正挟、头挟、副挟、左竿网、右竿网、散立等，球头与队员的帽子稍有区分。

南宋的民间球会组织"齐云社"，是蹴鞠艺人和爱好者为保护自身利益、提高技艺而组织起来的行会。这个组织专门负责蹴鞠活动比赛的组织和推广，应是我国最早的单项运动协会，可谓世界最早的足球俱乐部。齐云社这个名称一直沿用到元明两代，同时也适用于女子蹴鞠组织。

明代杜堇《仕女图》局部
（上海博物馆藏）

古人看球也讲究气氛，正式蹴鞠比赛都会有鼓乐助兴。元杂剧《逞风流王焕百花亭》提到一场蹴鞠活动："果然是好景致。……仕女王孙，蹴鞠秋千，管弦鼓乐……"可见现场必定是锣鼓喧天，热闹非凡。南宋齐云社球迷还会在球场边上唱曲子——《圆社市语》，为球场营造气氛、呐喊助威。

⊙ 蹴鞠与古代社会文化

蹴鞠，真切而生动地反映了古人的智慧和创造力。在我国众多诗词歌赋、文献典籍中，均记载有"蹴鞠"。此外，在众多出土的汉画像石、书画、铜镜、陶瓷、瓦当等文物中，也陆续发现蹴鞠及相关图形元素。种种情形均表明，蹴鞠在古代社会的传承绵延不断，影响广泛。

蹴鞠历史悠久、文化底蕴深厚，在我国古代体育史上占有重要地位，展现着古代体育文化的独特魅力。2006 年，蹴鞠被列入第一批国家级非物质文化遗产名录。

天真烂漫赤子心：
中华文化中的人间小精灵

罗蓉蓉

名称：铜鸠车
时代：东汉
尺寸：长7厘米，高4.5厘米

光阴易逝，但童心可常在。常怀赤子之心，追求童真、童趣，成为读书人的自觉追求。

⊙ 赤子之心真且淳

公元前 372 年出生的读书人孟轲曾阐述一个道理：要成为伟大、有德行的君子，就必须常怀"赤子之心"。什么是赤子之心？就是如刚刚出生的婴儿般纯洁无邪的心。

孟轲并不是第一个向往和追求赤子之心的人。老子在《道德经》中也阐述过同样的想法。老子认为，初生的婴儿天生具有质朴之心，本身就是一种美德。只有固守常德的君子，才能保持婴儿般的纯真状态。鼓盆而歌的庄子更是盛赞童子是"与天为徒"的"真人"。

不仅修身，明代思想家李贽认为，写文章也应具备赤子之心，即"童心"。他认为"童心"就是真心，失掉了"童心"，就失掉了真心。文学创作必须真实坦率地表达作者的内心情感，使文章去伪存真。如此，在众人的阐发下，孩童的纯真无邪成为最令读书人羡慕和向往的状态。常怀赤子之心，追求童真、童趣，成为读书人的自觉追求。

⊙ 天真烂漫一孩童

令大人羡慕的孩童，天真烂漫、千姿百态，以各种生动活泼的形象出现在文学和绘画作品中。

引发"洛阳纸贵"轰动现象的大文学家左思用一首《娇女诗》记录了令自己"头大"的一双"漏风小棉袄"。小女儿左媛喜欢学着大人化妆，天一亮就抄起眉笔仔细打扮。一顿操作过后，眉毛画得像扫把扫过，双唇色泽浓艳，看得老父亲大跌眼镜、哭笑不得。大女儿左芳则是个镜子迷。一照镜子就沉醉其中，好像被施了魔法，总是忘记应该干的织布分内事。姐妹俩有空就去园子里摘果掐花，因为喜爱美食，常混迹于厨房，衣服袖子沾满油渍，白衣也被烟雾熏黑，难以清洗。左思在诗中描述二女种种天真顽劣趣事，却也展露了幼女的纯真天性和身为父亲对女儿的疼爱。

当然，文学作品中的孩童形象并非都是天真淘气的样子。《世说新语·政事》描写过一批"小大人"，平均年龄 10 岁，"甚聪慧""善应对"，他们的名字提起来如雷贯耳，包括陈方元、谢道韫、孔融、王戎、何晏等。这样一批模范儿童，不仅有专书记载，还被收录在专属于成人世界的《政事》里，展示出他们小小的年纪却有大大的能量。

目前我国发现最早的绘有儿童形象的绘画实物出现在山东临沂金雀山九号汉墓出土

山东临沂金雀山九号汉墓
出土帛画线描图局部

的帛画中。在帛画的第四层中，一位妇人在纺车边从事纺织工作。车旁坐着一个孩童，顽皮地伸出手想要拨弄纺车。由此可以看出儿童形象虽已出现，但还没有成为绘画的主角。

河南南阳东汉许阿瞿墓出土的许阿瞿墓志铭画像石则主角光环十足。许阿瞿小朋友年仅5岁，于建宁三年（170）不幸早夭。家人悲痛之余，将阿瞿日常嬉戏的开心时刻记录在画像石上，希望他永远纯真、快乐。画面分上、下两栏，上栏中左起的榻上，阿瞿小朋友头梳总角发型，衣冠整齐，端坐的姿态沉稳而高贵，身后有一仆从为他扇风纳凉。他的面前，是3位身着肚兜的小跟班儿在玩玩具。下栏是家里请来为阿瞿表演的百戏班子。第一位表演的是飞剑跳丸，只见艺人一手拿着长剑，一手飞速抛接着小球。第二位表演的是踏盘鼓舞，只见一位美人手挥衣袖，跳跃穿梭于盘鼓之间。右边两位是伴奏团，一位鼓瑟，一位吹箫。如此精彩的表演，可以想象出阿瞿观看时露出的开心笑容。

河南南阳东汉许阿瞿墓出土的许阿瞿墓志铭画像石拓片
（南阳市汉画馆藏）

到了唐代，画家对儿童形象的刻画已非常准确。1972年，新疆维吾尔自治区吐鲁番市阿斯塔那唐代西州张氏家族墓出土的《弈棋仕女图》绢画上，两名胖乎乎的儿童身着彩色条纹背带裤，在草地上嬉戏，神情憨态可掬。

新疆吐鲁番阿斯塔那唐代西州张氏家族墓出土的《弈棋仕女图》局部（新疆维吾尔自治区博物馆藏）

到了宋代，士人行事越持重，就越发向往童真、追求童趣，使得以儿童为绘画对象的婴戏图发展到高峰，出现了苏汉臣、苏焯、陈宗训、刘松年、李嵩等一大批专门的婴戏画家，形成宋代婴戏图独特的艺术风格。在苏焯的《端阳戏婴图》中，一名穿着红色肚兜的捣蛋鬼正拿着一只被古人认为是"五毒之一"的癞蛤蟆吓唬同伴，胆小的黑衣男童害怕地连忙用手捂住头蹲在地上，右边一位孩童见状急忙上前解救小伙伴。孩子的顽皮、友爱、互助，跃然纸上。

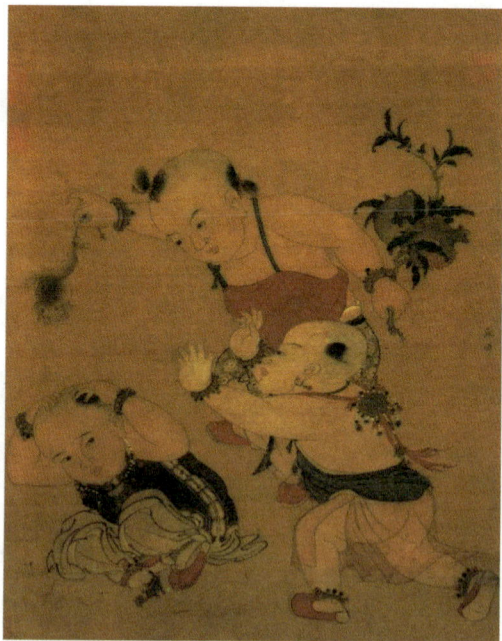

宋代苏焯《端阳戏婴图》
（台北故宫博物院藏）

☉ 竹马鸠车欢乐多

有孩童的地方就有玩具。李白有诗云："郎骑竹马来，绕床弄青梅。"这里的竹马是一种玩具，最早记载于《后汉书》。西晋博物学家张华在《博物志》中说："小儿五岁曰鸠车之戏，七岁曰竹马之戏。"足见鸠车和竹马是两件非常流行的玩具。鸠车前有小孔可穿绳，孩童拉动穿绳的鸠车玩耍。许阿瞿小朋友的 3 位小跟班中，就有一位拉着鸠车跑动，一位执鞭赶鸠。

河南南阳东汉宗康墓出土的铜鸠车
（河南博物院藏）

除了鸠车和竹马，古代孩童的玩具有很多，可以分为声响玩具、泥塑玩具、节令玩具、益智玩具等。距今约 5000 年的湖北屈家岭遗址出土的陶响球是最早的声响玩具。到了宋代，还形成了颇具规模的玩具市场。据《东京梦华录》记载，每到七夕乞巧节，"潘楼街东宋门外瓦子、州西梁门外瓦子、北门外、南朱雀门外街及马行街内"，都会卖一种叫"磨喝乐"的泥娃娃，深得小朋友的喜爱。

除了去市场购买节令玩具，沿街卖货的货郎也深受孩子们的喜爱。货郎挑着货担或推着独轮车走街串巷，货担中层层叠叠，装满了琳琅满目的玩具、糖果，简直就是孩子们的天堂。

宋代白釉红彩磨喝乐坐像（开封大学大观艺术博物馆藏）

宋代画家李嵩的《市担婴戏图》中，货郎担着 6 层货担共 300 件小物，各式玩具应有尽有。可辨识者有小鸟、鸟笼、拨浪鼓、小竹篓、香包、不倒翁、泥人、小炉灶、小壶、小罐、小瓶、小碗、六角风车、雉鸡翎、小鼓、纸旗、小花篮、竹笛、竹箫、铃铛、八卦盘、六环刀、竹蛇、面具、小灯笼、鸟形风筝、瓦片风筝、小竹椅、长柄棒槌、单柄小瓶等。孩童蜂拥而来，已有心急的孩子在货担旁翻找着自己心爱的玩具。

宋代画家苏汉臣的《货郎图》中，货郎和助手推着独轮车进入庭院，还未停稳，就迅速被早已等候的孩童们围住。孩子们为了心爱的玩具互不相让。还有的小朋友激动得把鞋子都跑掉了，直观表现了货郎到来时孩子们的欢呼雀跃。

宋代苏汉臣《货郎图》（台北故宫博物院藏）

光阴易逝，但童心可常在。梁启超先生说，做人有几分孩子气是很好的。他昵称儿子梁思礼作"老白鼻"，风趣的父亲将英语"baby"一词音译过来，变成属于儿子特别的回忆。

牛郎织女画像石：

鹊桥相会 人间团圆

罗蓁蓁

名称：牛郎织女画像石拓片

时代：东汉

尺寸：长188厘米，宽51厘米，
厚29厘米

在阅尽人间悲欢后，古人执着地为牛郎织女编织圆满结局，

这正是中国人骨子里的浪漫基因和齐家理想的体现。

中国古人很早就有观星的习惯，他们从浩瀚星空中观象授时。"牵牛""织女"这两颗星星的名字人们并不陌生，因为它们正是中国四大民间传说之"牛郎织女"的男、女主角。古人遥望星河，为"牵牛"和"织女"编织了浪漫的爱情神话。

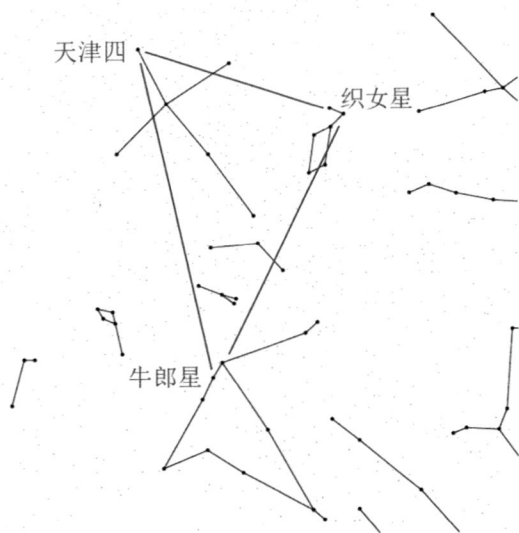

牛郎星、织女星示意图

东汉牛郎织女画像石及拓片（南阳市汉画馆藏）

在汉代的一块"牛郎织女画像石"上，记载着时人对牛郎织女的爱情想象。画面中，织女跪坐于左下方，四星环绕；右侧的牛郎一手牵牛，一手举鞭。三星相连，好一幅男耕女织的和谐图景。然而，好景不长。到了《古诗十九首·迢迢牵牛星》中，织女就已经"终日不成章，泣涕零如雨"，与牛郎以银河相隔了。

恩爱眷侣缘何两地相隔？时间的齿轮转动，向前追溯，考古学家在湖北省云梦县睡虎地秦简《日书》中发现了不一样的牛郎织女爱情神话故事的原型。《日书》是指导当时人们生活，用来选择日期以趋吉避凶的工具书。在睡虎地秦简《日书》（甲种）中，记载了两条涉及牛郎织女神话的简文：

戊申、己酉，牵牛以取（娶）织女，不果，三弃。

戊申、己酉，牵牛以取（娶）织女而不果，不出三岁，弃若亡。

戊申、己酉是牵牛娶织女的日子，《日书》以此告诫人们，娶妻不要选择这两个日子，否则会有不好的结果，并拿牛郎织女婚姻结果现身说法。可见牛郎织女相恋却婚姻受挫的悲剧基调在先秦时期已经奠定。

除了牛郎织女的爱情神话，在七夕这一天，还产生了许多新的节俗。汉代崔寔在《四民月令》中载："七月七日，曝经书，设酒脯时果，散香粉于筵上，祈请于河鼓、织女，言此二星神当会，守夜者咸怀私愿。"在牛郎织女团聚之时，百姓纷纷向这二位星神祈求幸福，形成守夜祈愿的习俗。到了唐德宗贞元十四年（798），在长安城西南昆明池畔修建牛郎、织女庙，设案

供奉牛郎、织女二石像。此后，各地也修建祠庙，祭祀二位星神。

　　牛郎织女相会的题材，也成为文人写诗的重要素材。自南朝宋孝武帝起，应制而作的牛郎织女题材的诗，成为与节日相配的"七夕诗"。牛郎织女神话传说也成为中国四大民间传说中流传最广、影响最大的传说。

清代牛郎织女纹雕红盘（南京博物院藏）

人生几多憾事。在阅尽人间悲欢后，古人仍然执着地为牛郎织女编织圆满结局，本质上流露出中国人骨子里的浪漫基因和齐家理想。人间团圆夜，家和万事兴。中国人盼团圆、盼欢聚，所以选择玉成，才有了日后乌鹊成桥、有情人七夕相会的情节。

○史前时期，文明初现，中华民族起源

　　○距今约 200 万年，中华大地上就有了古人类活动痕迹。

　　○距今约 170 万年，在今天的云南省元谋县生活着"元谋人"，他们是中国境内目前已知的最早的古人类。

　　○距今 70 万～20 万年，在今天的北京市房山区周口店镇龙骨山生活着"北京人"。"北京人头盖骨"被誉为"古人类全部历史中最有意义、最动人的发现"。

　　○距今约 3 万年，在"北京人"活动过的龙骨山顶部的洞穴里，又生活着与现代人更加接近的"山顶洞人"。

　　○距今 20000～9000 年的仙人洞与吊桶环遗址发现了世界上最早的陶器和栽培稻植硅体。

○距今 1 万年前后，中华文明奠基

　　○距今 1 万年前后的上山遗址出土了栽培稻和红陶器、石器。

○距今 8000 年前后，中华文明起源开启

　　○距今 9000～7500 年的河南贾湖遗址出土的骨笛是世界上已知年代最早的可吹奏乐器。

　　○距今 8000～7000 年的河南裴李岗遗址是追溯中华农耕文明起源与发展的文化样本。

　　○距今 8000～7400 年的内蒙古兴隆洼遗址是中国第一个揭露出围沟、房址、窑穴、墓葬等全部居住遗迹的史前中华始祖聚落。

　　○辽宁查海遗址出土的 8000 年前的巨型石堆龙，全长 19.7 米，是中国目前发现的年代最早的龙形象。

　　○距今 7000～5000 年的浙江河姆渡遗址的干栏式木构建筑是中国传统建筑文化的最重要源头。

　　○距今 7000～5000 年前的仰韶文化是中国首个被发现和命名的考古学文化，也是延续时间最长的考古学文化。

○距今 5800 年前后，中华文明起源加速

　　○距今 5800～5300 年的安徽凌家滩遗址基本掌握了后世玉石器制造的绝大多数技术，是我国史前的第一个制玉高峰。

　　○距今 5600 多年的山西西阴村遗址是中国学者独立主持发掘的第一个遗址，出土了丝质蚕茧，开辟了中国北部史前研究的新途径。

　　○距今 5000 多年的辽宁牛河梁遗址发现的"坛庙冢"遗迹是红山古国的重要标志。

　　○距今约 5300 年的河南双槐树遗址发现了中国已知最早的具备瓮城结构的建筑。

○距今 5200 年前后，中华大地进入文明阶段

　　○距今 5000 年前后的山东焦家遗址发现了高等级墓葬有多重棺椁和随葬玉石陶礼器的制度化表现。

　　○距今 5000 ～ 4000 年的湖北石家河遗址是长江中游地区迄今为止发现的面积最大、等级最高的新石器时代大型都邑性聚落群。

　　○距今 5300 ～ 4000 年的浙江良渚古城是当时世界上规模最大的都邑，建有当时世界上规模最大的水利调节系统。

○距今 4300 年前后，中原"古国"崛起

　　○距今 4300 ～ 3900 年的山西陶寺遗址已具备了早期国家的形态，是"最初的中国"，出土了中国最早的"铜器群"，是夏商周三代文明的源头。

　　○距今 4000 多年的陕西石峁遗址是黄河中游地区一处超大型中心聚落，具备了早期"宫城"性质，为中华文明起源形成的多元性和发展过程提供了全新研究资料。

○夏商周时期，天下秩序与华夏共同体演进

　　○距今 3800 年前后，进入王朝时代。

　　○距今 3800 ～ 3500 年的河南二里头遗址，是东亚地区目前已知青铜时代最早的大型都城、中国青铜礼制的创造者，更是夏商周王朝乃至整个古代中国核心政治制度、身份认同和文化思想的奠基者。

　　○距今 4600 ～ 2800 年的四川三星堆遗址见证了统一多民族国家早期融合的过程。

○距今 3000 年，王权巩固

　　○约公元前 1046 年，周武王灭商，建立周朝。

　　○铸造于西周初年的何尊，铭文中的"宅兹中国"是"中国"一词最早的文字记载。

　　○公元前 841 年，镐京发生"国人暴动"，周厉王逃亡，由大臣周公和召公共同主政，

史称"共和行政"。这一年被称为共和元年，是中国历史上有确切纪年的开始。

○公元前 770 年，周平王迁都洛邑，史称东周。

○春秋后期，"华夏"的观念开始出现

○公元前 551 年，孔子诞生。

○公元前 486 年，吴国在今扬州附近筑邗城，开挖邗沟。这是中国历史文献中记载的第一条有确切开凿年代的运河，也是中国大运河最早的河段。

○公元前 307 年，赵武灵王军事改革，推行"胡服骑射"政策。

○公元前 256 年，战国时期水利工程专家李冰组织修建了都江堰，开创了中国古代水利史上的新纪元。

○秦汉时期，大一统与中华民族初步形成

○公元前 221 年，秦始皇统一中国，建立了中国历史上第一个中央集权的大一统王朝——秦朝，统一的多民族国家形成。同年，秦朝开始修建"万里长城"。

○公元前 138 年、公元前 119 年，汉武帝两次派张骞出使西域，开辟了通往西域的道路。这条沟通欧亚的陆上交通要道，被称为"丝绸之路"。

○西汉时期，从徐闻、合浦出发的海上贸易通道，最远抵达印度半岛南端和锡兰（今斯里兰卡），被称为"海上丝绸之路"。

○公元前 134 年，汉武帝在董仲舒的提议下"罢黜百家，独尊儒术"。

○公元前 91 年，西汉史学家司马迁撰写的《史记》全书得以完成，这是中国历史上第一部纪传体通史。

○公元前 60 年，西汉建立西域都护府。

○公元前 2 年，佛教初传中国。

○新莽时期铸造的鎏金"中国大宁"瑞兽博局纹鎏金铜镜，有"中国大宁，子孙益昌"的铭文。

○尼雅遗址 8 号墓出土的距今 2000 多年的"五星出东方利中国"织锦护臂是新

疆地区发现的最早的带有"中国"二字的实物。

○公元 68 年，洛阳白马寺建成，是佛教传入中国后兴建的第一座官办寺院。

○ 105 年，东汉蔡伦在总结前人造纸经验的基础上，改进和推广了造纸术。

○魏晋南北朝时期，"五胡"入华，中华民族大交融

○ 366 年，前秦乐僔和尚开凿了敦煌莫高窟的第一个洞窟，此后，从北魏至元代续有开凿。明清时期零星的补绘工程仍在继续，直到 1936 年九层楼最后落成，标志着莫高窟佛事和洞窟营建工程的结束。莫高窟是世界上著名的石窟艺术群。

○ 399 年，东晋高僧法显（约 340～422）开始西行求法，历时 14 年。著有《佛国记》。

○ 401 年，鸠摩罗什被后秦迎至长安，译经达 74 部。

○ 460 年，北魏文成帝始凿云冈石窟。云冈石窟是中国第一处由皇室显贵主持开凿的大型国家级石窟。

○ 471 年，北魏孝文帝实行了一系列汉化改革，俗称"孝文汉化"。

○ 493 年，北魏孝文帝迁都洛阳，开始在河南洛阳营造龙门石窟。

○隋唐五代时期，华夷一体与中华民族空前繁盛

○ 589 年，隋朝灭陈，继秦汉之后中国又一次实现了统一。

○ 627 年，玄奘西行求法。646 年，《大唐西域记》成书。

○ 641 年，文成公主进藏。

○ 646 年，西北番邦请求尊奉唐太宗为"天可汗"。

○ 753 年，高僧鉴真东渡日本。

○ 821 年，唐朝和吐蕃互派使节，在长安盟誓，史称"唐蕃会盟"。

○隋唐时期发明了火药和雕版印刷术。

○辽宋夏金时期，共奉中国与中华民族内聚发展

　　○ 1041 ～ 1048 年，北宋毕昇发明了活字印刷术。

　　○ 1056 年，建于山西省朔州市的应县木塔，是我国现存建造最早且唯一的纯木构大塔，也是世界现存最高的古代木构建筑。

○元朝时期，混一南北与中华民族大统合

　　○ 1271 年，元朝建立，1279 年统一中国。

　　○ 1288 年，元朝宣政院对西藏地区实施有效管辖。

　　○宋末元初诗人、画家郑思肖的《德佑二年岁旦》中有"一心中国梦，万古下泉诗"，首次出现了完整的"中国梦"三字。

○明朝时期，中外会通与中华民族巩固壮大

　　○ 1405 ～ 1433 年，郑和先后七次下西洋。

　　○ 1582 年，意大利耶稣会士利玛窦抵达中国。

○清中前期，中华一家与中华民族格局底定

　　○ 1661 年，郑成功驱逐荷兰殖民者，收复台湾。

　　○ 1683 年，清政府统一台湾，次年设府置县，隶属福建省。

　　○ 1689 年，清政府与沙俄签订《尼布楚条约》，首次将"中国"作为正式国家名称使用。

　　○ 1764 年，锡伯族万里戍边。

　　○ 1771 年，土尔扈特部在首领渥巴锡率领下，回归祖国。

○ 1840～1919 年，民族危亡与中华民族意识觉醒

　　○ 1878 年，左宗棠收复新疆。

　　○ 1902 年，梁启超最早提出"中华民族"概念。

　　○ 1905 年，孙中山强调中华民族的长期存在，而且断言中华民族是世界最古最大最富同化力的民族，主张建设高度团结统一的中华民族。

　　○ 1912 年，中华民国成立，将"五族共和"思想作为国内民族关系的准则。

○ 1919～1949 年，先锋队与中华民族独立解放

　　○ 1921 年 7 月，中国共产党成立，这是中华民族历史上开天辟地的一件大事。

　　○ 1935 年，中国共产党人田汉作词、聂耳作曲的《义勇军进行曲》风靡大江南北，在全社会普及了"中华民族"观念。

　　○ 1939 年，毛泽东在《中国革命和中国共产党》中论述"中华民族"概念："从很早的古代起，我们中华民族的祖先就劳动、生息、繁殖在这块广大的土地之上。……中国是一个由多数民族结合而成的拥有广大人口的国家。……中华民族又是一个有光荣的革命传统和优秀的历史遗产的民族。"

○ 1949～2012 年，新中国与中华民族新纪元

　　○ 1949 年，中华人民共和国成立，缔造了统一的多民族社会主义国家，中华民族实现了独立自由解放。

　　○ 1950 年，中国人民志愿军抗美援朝出国作战，打破了美帝国主义不可战胜的神话。

　　○ 20 世纪 50 年代开始，新中国组织开展大规模的民族识别工作，至 1979 年，由 56 个民族组成的中华民族大家庭的格局最终确定。

　　○ 1959 年，中央政府领导西藏人民掀起了民主改革运动，废除封建农奴制，解放百万农奴和奴隶。

　　○ 1971 年，中国恢复在联合国的合法席位。

○ 1984 年，《中华人民共和国民族区域自治法》颁布施行。

○ 1987 年，邓小平首次把生产力标准引入民族工作，提出解决民族问题的首要任务是"发展和进步"，民族地区能不能发展起来，是观察民族工作得失成败的标准。

○ 1992 年，江泽民指出，"民族问题既包括民族自身的发展，又包括民族之间，民族与阶级、国家之间等方面的关系"，提出解决民族问题的根本途径是加快民族地区经济文化发展。

○ 2005 年，胡锦涛指出，"中国特色社会主义是我国各族人民的共同事业，中国特色社会主义道路是解决我国民族问题的根本道路"，我国的民族问题必须放到建设中国特色社会主义的全局中来解决。

○ 2012 至今，新时代与中华民族共同体建设

○ 2012 年，习近平总书记在中国国家博物馆参观"复兴之路"展览时，首次提出实现中华民族伟大复兴的"中国梦"。

○ 2014 年，习近平总书记在第二次中央新疆工作座谈会上明确提出中华民族共同体意识，强调"要加强民族交往交流交融"。

○ 2017 年，习近平总书记在党的十九大报告中首次提出"铸牢中华民族共同体意识"。

○ 2018 年，第十三届全国人民代表大会第一次会议通过了《中华人民共和国宪法修正案》，"中华民族"被正式写入《中华人民共和国宪法》。

○ 2019 年，习近平总书记首次用"四个共同"阐明了正确的中华民族历史观的核心内涵。

○ 2023 年，习近平总书记在文化传承发展座谈会上强调，中华民族具有百万年的人类史、一万年的文化史、五千多年的文明史。

○ 2023 年，习近平总书记在二十届中共中央政治局第九次集体学习时强调，铸牢中华民族共同体意识，推进新时代党的民族工作高质量发展。

○ 2023 年，《中华民族共同体概论》教材出版。

杨超 李珂珂　整理

中文参考文献

《中华民族共同体概论》编写组. 中华民族共同体概论. 北京：高等教育出版社，民族出版社，2023.

常玉芝. 商代周祭制度. 北京：中国社会科学出版社，1987.

陈来. 中华文明的核心价值：国学流变与传统价值观. 北京：生活·读书·新知三联书店，2015.

陈梦家. 殷虚卜辞综述. 北京：中华书局，1988.

戴向明. 黄河流域史前时代. 北京：科学出版社，2021.

甸村，新言. 辽宁阜新县查海遗址 1987～1990 年三次发掘. 文物，1994（11）4-19.

丁清贤，张相梅. 1988 年河南濮阳西水坡遗址发掘简报. 考古，1989（12）1057-1066，1153-1154.

杜战伟，韩斐．论兴隆洼文化的分期与年代．考古，2019（3）68-80，2.

方殿春，刘葆华．辽宁阜新县胡头沟红山文化玉器墓的发现．文物，1984（6）1-5，98.

费孝通．中华民族多元一体格局．北京：中央民族大学出版社，2018.

冯时．河南濮阳西水坡45号墓的天文学研究．文物，1990（3）52-60，69.

高天麟，张岱海．山西襄汾县陶寺遗址发掘简报．考古，1980（1）18-31，100-102.

高炜，李健民．1978—1980年山西襄汾陶寺墓地发掘简报．考古，1983（1）30-42，100-103.

顾颉刚．顾颉刚古史论文集（全十三册）．北京：中华书局，2011.

郭大顺，张克举．辽宁省喀左县东山嘴红山文化建筑群址发掘简报．文物，1984（11）1-11，98-99.

郭勇．山西省右玉县出土的西汉铜器．文物，1963（11）4-12，67-69.

国家民族事务委员会．铸牢中华民族共同体意识——全国民族团结进步表彰大会精神辅导读本．北京：民族出版社，2021.

韩建业．早期中国：中国文化圈的形成和发展．上海：上海古籍出版社，2015.

贾鸿恩．内蒙古翁牛特旗三星他拉村发现玉龙．文物，1984（6）6，10，97.

孔祥星，刘一曼，鹏宇．中国铜镜图典（修订本）．上海：上海古籍出版社，2020.

李伯谦，陈星灿．中国考古学经典精读．北京：高等教育出版社，2019.

李伯谦，唐际根．青铜器与中国青铜时代．合肥：中国科学技术大学出版社，2018.

李伯谦．从古国到王国：中国早期文明历程散论．上海：上海古籍出版社，2021.

李伯谦．文明探源与三代考古论集．北京：文物出版社，2011.

刘国祥．红山文化研究．北京：中国社会科学院研究生院，2015.

刘庆柱．二十世纪中国百项考古大发现．北京：中国社会科学出版社，2002.

刘庆柱．中国考古发现与研究（1949—2009）．北京：人民出版社，2010.

马承源．中国青铜器．上海：上海古籍出版社，1988．

马戎．中国民族史和中华共同文化．北京：社会科学文献出版社，2012．

潘岳．中西文明根性比较．北京：新世界出版社，2022．

齐东方．中国早期马镫的有关问题．文物，1993（4）71-78，89．

钱乘旦．新世界史纲要．北京：北京大学出版社，2023．

裘锡圭．古文字论集．北京：中华书局，1992．

瞿林东．历史文化认同与中国统一多民族国家．石家庄：河北人民出版社，2013．

沈从文，王予．中国服饰史．西安：陕西师范大学出版社，2004．

沈从文．国博名家丛书：沈从文卷．北京：北京时代华文书局，2022．

司马迁．史记．北京：中华书局，1982．

苏秉琦，赵汀阳，王星．满天星斗：苏秉琦论远古中国．北京：生活·读书·新知三联书店，2022．

苏秉琦．中国文明起源新探．北京：生活·读书·新知三联书店，2019．

宿白．中国石窟寺研究．北京：文物出版社，1996．

孙德萱，丁清贤，赵连生，等．河南濮阳西水坡遗址发掘简报．文物，1988（3）1-6．

孙机．汉代物质文化资料图说．北京：中华书局，2020．

孙机．唐代的马具与马饰．文物，1981（10）82-88，96．

孙守道．三星他拉红山文化玉龙考．文物，1984（6）7-10．

索秀芬，李少兵．兴隆洼文化的类型研究．考古，2013（11）52-61．

唐兰．西周时代最早的一件铜器利簋铭文解释．文物，1977（8）8-9．

田继周．中国历代民族政策研究．西宁：青海人民出版社，1993．

王春法．海外藏中国古代文物精粹：英国大英博物馆卷．合肥：安徽美术出版社，2018．

王春法．宅兹中国：宝鸡出土青铜器与金文精华．北京时代华文书局，2020．

王春法．中国古代饮食文化．北京：北京时代华文书局，2023．

王桐龄．中国民族史．吉林：吉林出版集团有限责任公司，2010．

王伟光，王巍．中国考古学百年史（1921—2021）．北京：中国社会科学出版社，2021．

翁独健．中国民族关系史纲要．北京：中国社会科学出版社，2005．

翁淮南，李竞辉，杨晓明．归来：中国海外文物回归纪实．北京：中国大百科全书出版社，2022．

夏鼐．考古学和科技史．北京：社会科学文献出版社，2023．

夏鼐．中国文明的起源．北京：文物出版社，1985．

严文明．中国新石器时代．北京：文物出版社，2017．

严文明．中华文明的始原．北京：文物出版社，2011．

严志斌，何驽．山西襄汾陶寺城址2002年发掘报告．考古学报，2005（3）307-346，381-387，390．

扬之水．中国古代金银首饰．北京：故宫出版社，2014．

杨泓．冯素弗墓马镫和中国马具装铠的发展．辽宁省博物馆馆刊，2010：1-6．

于省吾．利簋铭文考释．文物．1977（8）10-12．

俞伟超．古史的考古学探索．北京：文物出版社，2002．

俞伟超．国博名家丛书：俞伟超卷．北京：北京时代华文书局，2022．

俞伟超．先秦两汉考古学论集．北京：文物出版社，1985．

袁行霈，严文明，张传玺，楼宇烈．中华文明史（全四册）．北京：北京大学出版社，2006．

张政烺．《利簋》释文．考古，1978（1）58-59．

张忠培．中国考古学：走向与推进文明的历程．北京：紫禁城出版社，2004．

章太炎，王宁．章太炎说文解字授课笔记．北京：中华书局，2008．

赵汀阳．天下体系：世界制度哲学导论．北京：中国人民大学出版社，2023．

浙江省文物考古研究所，萧山博物馆．跨湖桥．北京：文物出版社，2004．

中共中央党史研究室科研管理部，国家民族事务委员会民族问题研究中心．中国共产党民族工作历史经验研究．北京：中共党史出版社，2009．

中共中央马克思恩格斯列宁斯大林著作编译局．马克思恩格斯论中国．北京：人民出版社，2018．

中共中央统一战线工作部，国家民族事务委员会. 中央民族工作会议精神学习辅导读本. 北京：民族出版社，2022.

中国国家博物馆. 中华文明：《古代中国陈列》文物精萃. 北京：中国社会科学出版社，2010.

中国国家博物馆. 中华文明：古代中国基本陈列. 北京：北京时代华文书局，2017.

中国社会科学院考古研究所. 小屯南地甲骨. 北京：中华书局，1980.

中国社会科学院考古研究所. 中国考古学·两周卷. 北京：中国社会科学出版社，2004.

中国社会科学院考古研究所. 中国考古学·夏商卷. 北京：中国社会科学出版社，2003.

中国社会科学院考古研究所. 中国考古学·新石器时代卷. 北京：中国社会科学出版社，2010.

中国文物报社，中国考古学会. 中国百年百大考古发现. 北京：文物出版社，2023.

朱凤瀚. 甲骨与青铜的王朝（全三册）. 上海：上海古籍出版社，2022.

朱凤瀚. 商周家族形态研究. 北京：商务印书馆，2022.

外文参考文献

DEYDIER C，HAN W. L'or des Qin：XVIIe biennale des antiquaires 10 au 24 novembre 1994. Paris：Christian Deydier Oriental Bronze Ltd. ，1994.

HAN W，DEYDIER C. Ancient Chinese gold. Paris：Les Editions d'Art et d'Histoire，2001.

RENFREW C，BAHN P G. Archaeology：the key concepts. London ＆ New York：Routledge，2004.

Sotheby's. Sotheby's Hong Kong Thirty Years：1973—2003. Hong Kong：Sotheby's Hong Kong，2003.